AF552139

NIDAL KERSH

Falafel Kebab Shakshuka

JERUSALEM
205 ירושלים
اورشليم

BEIRUT
ביירות 120
بيروت

وبحمده
ورضا نفسه
ومداد كلماته
الحركه الاسلاميه - مسجد الرمل
جيت ليوس
جورج)
لا أراكم الله مكروها بعزيز

NIDAL KERSH

Falafel Kebab Shakshuka

Essen wie in Jerusalem

Die Klassiker der orientalisch-arabischen Küche

riva

Bibliografische Information der Deutschen Nationalbibliothek:
Die Deutsche Nationalbibliothek verzeichnet diese Publikation in der Deutschen Nationalbibliografie.
Detaillierte bibliografische Daten sind im Internet über http://d-nb.de abrufbar.

Für Fragen und Anregungen:
info@rivaverlag.de

1. Auflage 2018

Nymphenburger Straße 86
D-80636 München
Tel.: 089 651285-0
Fax: 089 652096

First published by Bonnier Fakta, Stockholm, Sweden.
Published in the German language by arrangement with Bonnier Rights, Stockholm, Sweden.

Übersetzung: Julia Gschwilm
Redaktion: Caroline Kazianka
Umschlaggestaltung: Pamela Machleidt
Satz: inpunkt[w]o, Haiger (www.inpunktwo.de)
Druck: Firmengruppe APPL, aprinta Druck, Wemding
Printed in Germany

ISBN Print 978-3-7423-0638-8
ISBN E-Book (PDF) 978-3-7453-0188-5
ISBN E-Book (EPUB, Mobi) 978-3-7453-0189-2

INHALT

דלק
עכו

VORWORT – JENSEITS VON JERUSALEM

Shakshuka ist der Name eines Gerichts, das ursprünglich aus Nordafrika kommt. Es ist ein Eintopf aus Tomatensoße, Chili, Koriander und Eiern, die in der Tomatensoße gar gekocht werden. Shakshuka bedeutet aber auch »Mix« oder »durchschütteln«, und es ist in vielerlei Hinsicht beispielhaft für das Essen, das in Jerusalem entstanden ist. Die Stadt war schon immer ein Treffpunkt und Schmelztiegel unterschiedlicher Kulturen. Manchmal hat alles schön zusammen gekocht und dann ist wieder etwas, um es milde auszudrücken, übergekocht.

Jerusalem ist ein Zentrum für drei Weltreligionen, das Judentum, das Christentum und den Islam. Es ist ein Treffpunkt für Menschen aus der ganzen Welt und hat daher auch eine Küche, die das auf vielerlei Arten widerspiegelt. Aber es ist auch ein Ort, an dem man Seite an Seite wohnt, doch häufig ohne sich zu treffen. Die Bedeutung des Ortes bewirkt auch, dass einfache Gerichte wie Hummus oder Falafel eine immense Bedeutung bekommen können. Denn bei den Gerichten geht es nicht immer um das Essen an sich, sondern es geht um Identität und Zugehörigkeit. Vieles, was in Jerusalem und rundherum in Palästina und Israel gegessen wird, gibt es nicht nur im Nahen Osten. Der Konflikt zwischen Palästinensern und Israelis hat jedoch dazu geführt, dass auch Gerichte empfindliche und heftige Gefühle und Reaktionen auslösen können.

Die Geschichte der Palästinenser und Israelis verlief in vielerlei Hinsicht parallel, bis die israelische Seite gewonnen und die palästinensische verloren hat. Grenzziehungen haben automatisch auch Fragen nach Besitzrecht zur Folge – nicht nur das Land, sondern auch Gerichte betreffend. Manche Gerichte sind politisch und symbolisch stark aufgeladen. Für die Palästinenser ist das Essen das Letzte, was man noch an Identität behalten hat, und wenn ein Falafel israelisch wird, dann verschwindet auch die Zugehörigkeit der Palästinenser zum Land selbst.

Mein Interesse am Kochen begann, als ich von zu Hause auszog. Davor ging es beim Essen für mich eher um die Atmosphäre, die sich beim Kochen ergab. Ich habe immer in der Küche mitgeholfen, aber nur beim Abwasch. Ich kann mich nicht erinnern, eine Zwiebel geschnitten zu haben, bevor ich ausgezogen bin. Aber die Zeit als Abspüler in der Küche hat trotzdem Auswirkungen auf mich gehabt. Unbewusst muss sich das Bild meines Vaters, der oft drei Pfannen für jedes Gericht verwendete, sich wie ein Wirbelsturm in der Küche bewegte und Chaos fabrizierte, während Gericht um Gericht fertig wurde, fest in mir verankert haben. Meine Freunde sagten immer, unser Haus würde nach Essen riechen, und das stimmte sicher. Denn Essen gab es bei uns immer reichlich. Meine Brüder und ich mussten nie fragen, ob ein Freund vorbeikommen und mitessen durfte. Es wurde sowieso stets für ein paar Leute mehr gekocht.

Viele der Rezepte in diesem Buch sind Gerichte, die wir zu Hause in Schweden gegessen haben oder wenn wir in den Sommerferien unsere Verwandten in Palästina besucht haben. Klassische Gerichte wie Mana'ish, Shawarma, Baba Ghanoush und Baklava. Oliven und abgetropfter Joghurt mit ganz viel Zatar und Olivenöl. Frisch gebackenes Pitabrot. Wassermelone. Das Essen war immer das große Gesprächsthema, von morgens nach dem Aufstehen, bis man sich abends wieder ins Bett legte.

Bild oben: Ein Schneidebrett wird selten verwendet, stattdessen schneidet man direkt in der Hand.

Bild rechts: Frische grüne Süßmandeln schmecken gut mit etwas Salz.

מזרעה
مزرعه
Mazra'a

EINE FAMILIENGESCHICHTE

Als 1948 der Krieg ausbrach, war mein Großvater draußen auf der Jagd. Er hatte sich ein Gewehr ausgeliehen und zielte auf einen Vogel. Den Schuss feuerte er allerdings nie ab, denn General McNeill entdeckte ihn und hielt ihm eine ordentliche Standpauke. »Mahmoud, bist du wahnsinnig? Sie bombardieren Smiriyeh! Kannst du dir vorstellen, was passiert, wenn sie von hier einen Schuss hören?! Geh nach Hause und bleib dort, bis es vorbei ist!« Also ging mein Großvater nach Hause. Er hatte keine Ahnung, dass Krieg ausgebrochen war, doch es stimmte. Und nichts sollte jemals wieder werden, wie es gewesen war. Alle saßen zu Hause und konnten den Krieg in ein paar Kilometern Entfernung hören. Jeder hatte Angst davor, was passieren würde. Und man konnte nichts anderes tun, als zu warten. Das Nachbardorf Smiriyeh wurde noch am selben Tag aus der Luft bombardiert und dem Erdboden gleich gemacht.

Alle Dörfer und Städte um Mazra'a wurden vom Krieg heimgesucht. Mein Großvater wusste nicht genau, wie alt er war, als der Krieg ausbrach, aber vermutlich war er um die 18. Schon früh hatte er begonnen, für General McNeill zu arbeiten, den alle im Dorf *il inglizi* (der Engländer) nannten. Die Anwesenheit des britischen Generals rettete Mazra'a. Der General und seine Frau wohnten im ältesten Haus der Stadt. McNeill folgte seinen Landsleuten nicht, als sie 1948 das Land verließen, sondern blieb mit seiner Frau dort.

Palästina gab es nach 1948 nicht mehr. Der neue Staat hieß Israel und Mazra'a wurde zu einem Flüchtlingslager für Palästinenser, die aus den nahegelegenen Dörfern in Galiläa kamen. Als mein Großvater geboren wurde, wohnten in Mazra'a nur ein paar Familien, aber bald kamen viel mehr Leute dazu. Über ein Jahrzehnt lebte mein Vater bestimmt von den Militärgesetzen und musste um Erlaubnis bitten, um das Dorf zu verlassen. Als meine Großmutter, ein Mädchen aus Akko, meinen Großvater heiratete, war das Leben im Dorf wie ein kleiner Schock für sie.

Sie musste Wasserklosett und Bedienstete gegen Plumpsklo und Wohngemeinschaft mit der ganzen Verwandtschaft eintauschen.

Eines Tages kam der Vater meines Großvaters und wollte mit meinem Großvater reden. Sein Bruder sollte heiraten und hatte keine Wohnung. Mein Großvater, der der älteste Sohn war und eigentlich das Recht hatte, im Haus zu wohnen, interpretierte die Worte seines Vaters als Bitte an ihn, auszuziehen. Gleich nach dem Treffen sprach er mit seinem Freund Fattin, der etwas Grund am Rand des Dorfes besaß und Großvater erlaubte, dort ein Haus zu errichten. Großvater fuhr mit dem Fahrrad dorthin und begann, das Grundstück zu roden, das zu diesem Zeitpunkt eine reine Wildnis war. Er fand ein paar alte Öltonnen, die er aufschnitt und flach hämmerte, und baute daraus eine Baracke. Dann radelte er wieder zurück, holte meine Großmutter und meine beiden Onkel und zog in sein neues Heim ein. Meine Großmutter fragte meinen Großvater, was sie essen sollten, und schlug vor, noch einmal zurückzugehen und wenigstens etwas Mehl und Bulgur zum Abendessen zu holen. Großvater setzte sich aufs Fahrrad, aber sein Stolz ließ es nicht zu, zurückzufahren und Essen zu besorgen. Er fand jedoch einen Orangenbaum, pflückte einen Korb voll Früchte und fuhr wieder zu seinem neuen Heim.

In dieser Baracke wuchs mein Vater auf. Er wurde 1958 geboren und war Nummer vier in einer Schar von acht Kindern. Die Baracke rostete regelmäßig durch und mein Großvater hämmerte immer neue Öltonnen flach. Eines Tages kamen Israelis ins Dorf und erklärten Fattin, dass der Grund, den er besaß, nicht seiner war und jetzt dem Staat gehörte. Das war der Tag, an dem Fattin verrückt wurde. Er verließ dann Selbstgespräche führend das Dorf und kehrte nie mehr zurück. Mein Großvater musste den Grund nun vom Staat mieten. Viele in Mazra'a verloren damals ihre Ländereien und der Großteil des Ackerlands des Dorfes wurde den Kibbuzim zugeteilt, die rundherum aufgebaut wurden.

Im nächstgelegenen Kibbuz arbeitete ein Mann, den die Dorfbewohner Abu Josef nannten. Wie er eigentlich hieß, wusste mein Großvater nicht, aber er gewährte den Arabern nach der Ernte immer Zugang zu den Feldern. Nachdem der Weizen geerntet worden war, war immer noch ein Rest übrig, der dem Mähdrescher entgangen war. Oft war es Weizen, den die Ratten auf dem Feld für den Winter gesammelt hatten. Der Weizen lag in ordentlichen kleinen Haufen da und mein Vater erzählte, wie sie dann dort hingegangen waren und ihn aufgesammelt hatten.

Wenn man ohne Abu Josefs Erlaubnis auf die Felder ging, riskierte man eine Tracht Prügel. Nicht nur von Abu Josef, sondern auch von Großvater, weil man etwas vom Feld gestohlen hatte. Mazra'a war grün und wild und die Kinder spielten immer draußen. Im Winter wurden die alten Aquädukte mit Wasser gefüllt und die Kinder des Dorfes konnten sie als Rutschbahn nutzen. Der Winter war auch die Zeit der Orangen. Gegessen wurden Bulgur, Linsen, Bohnen und Brot, das meine Großmutter in einem Lehmofen backte. Sie hatten ein paar Ziegen, die Milch gaben, und ein paar Hühner für Eier und Fleisch.

Mein Großvater arbeitete anfangs als Tagelöhner in verschiedenen Kibbuzim. Nach ein paar Jahren bekam er dann Arbeit bei der Stadtteilverwaltung in Naharija. Bei den Mahlzeiten gab es immer mehr Brot als Belag und mein Großvater aß stets am wenigsten. Sein Verhältnis zum Essen und seine Art zu essen, behielt er sein ganzes Leben lang bei. Er blieb maßvoll, auch wenn es mehr als genug zu essen gab. Er meinte, der Prophet habe gesagt, man solle den Magen zu einem Drittel mit Essen, einem Drittel mit Wasser und einem Drittel mit Luft füllen.

Im Frühling nahmen meine Großeltern immer die ganze Familie mit in die Berge, um Zatar zu pflücken. Großvater zeigte allen, wie man die Blätter abschneiden musste, ohne die Wurzeln zu

beschädigen, sodass man im Herbst wiederkommen und noch einmal pflücken konnte, wenn die Blätter nachgewachsen waren. Im Sommer gingen sie zu den Ruinen all der alten Dörfer, die rundherum lagen, und pflückten Kaktusfeigen. In allen palästinensischen Dörfern waren Kakteen gepflanzt worden, und auch wenn die Häuser verschwunden waren, kamen die Kakteen wieder. Mein Großvater und alle meine Onkel pflückten die Kaktusfeigen und kamen mit vollen Eimern nach Hause.

Rund um Mazra'a wurden schließlich neue Wohnungen für die Israelis gebaut, die aus aller Welt hierherkamen. Man brauchte Arbeitskräfte und die Palästinenser waren bereit, dabei zu helfen, neue Häuser auf dem Grund zu bauen, auf dem nur wenige Jahre zuvor noch palästinensische Dörfer gestanden hatten. Ende der 1970er-Jahre hatte sich die finanzielle Situation der Familie so weit verbessert, dass sie es sich leisten konnte, ein richtiges Haus zu bauen. Mein ältester Onkel Husni war in der Baubranche gelandet und wurde schließlich Bauingenieur, und mithilfe seiner Kenntnisse konnten sie mit dem Bau beginnen.

Das Haus war irgendwann Mitte der 1980er-Jahre fertig. In arabischen Dörfern in Israel gab es keine Städteplanung. Viele bauten ihre Häuser illegal, weil der Grund eigentlich als landwirtschaftliche Fläche eingestuft war, aber das Bedürfnis, für sich etwas zu bauen, war groß, und der Staat half dabei nicht weiter. Wenn man sich beeilte und schnell die Grundmauern errichtete, ließen die Behörden die Sache manchmal auf sich beruhen. Zwar musste man saftige Geldstrafen bezahlen, aber man durfte das Haus wenigstens behalten. Meine Großeltern wohnten ganz unten und dann gab es noch vier Wohnungen für meine Onkel. Mein Vater hätte auch eine bekommen, aber zu dieser Zeit war er nicht mehr so interessiert an einem Leben im Dorf. Er wusste früh, dass er nicht bleiben würde, und so ging er im Gymnasium von der Schule ab und nahm einen Job in einem Hotel in Naharija an. Diese Stadt lag ein paar Kilometer von Mazra'a entfernt und war Ende des 19. Jahrhunderts von deutsch-jüdischen Immigranten gegründet worden. Zwischen Mazra'a und Naharija bestand ein Unterschied wie Tag und Nacht. Anstelle von Baracken gab es hier schicke Villen an der Küste, Cafés, Restaurants und Diskotheken. Für die Bewohner von Mazra'a war Naharija

sehr weit weg. Man besuchte die Stadt, um zur Bank zu gehen, seinen Lohn abzuholen oder wenn man ins Krankenhaus musste. Ansonsten war man nicht dort. Es gab eine Art unsichtbare Barriere zwischen Israelis und Arabern. Mein Vater durchbrach unbewusst diese Barriere. Er wollte sein, wo die Israelis waren, aber ohne Kompromisse bezüglich seines Ursprungs einzugehen. Die Gastronomie war sein Weg in die neue Welt.

Bald begannen Reisen nach Europa. Deutschland, die Niederlande, Dänemark und schließlich Schweden. In Schweden lernte er dann meine Mutter kennen, die gerade aus Finnland hergezogen war. Sie arbeitete in einem jüdischen Altersheim als Köchin und wohnte in einer Dienstwohnung in der Katarina Bangata auf Södermalm in Stockholm. Sie trafen sich in einer Pizzeria, verliebten sich ineinander und bekamen drei Kinder, wurden unglücklich, ließen sich scheiden und wurden wieder glücklich. So läuft es eben.

Mein Onkel Samir ist Automechaniker und hat eine eigene Werkstatt. Er hat eine Vorliebe für alte Autos und als wir klein waren, hatte er einen Volvo Amazon, den er pedantisch pflegte. Während der Arbeit für dieses Buch wollten wir ganz alte Olivenbäume fotografieren und Samir hatte genau das richtige Auto für diesen Ausflug: einen alten Mercedes aus den 1950er-Jahren, den er komplett restauriert hatte. Hinter dem Schild rechts kann man das Ziel unserer Reise sehen. Einen Olivenbaum, der fast 1000 Jahre alt ist.

Von der Mauer von Akko zu springen, ist eine Art Initiationsritus für die Bewohner des Ortes. Mein kleiner Bruder Samir setzte neue Standards, als er als Sechsjähriger von der 15 Meter hohen Mauer direkt ins Meer sprang.

AKKO

Es ist das Jahr 1191. Die Kreuzritter mit Richard Löwenherz an der Spitze haben nach langer Belagerung Akko erobert. Sultan Saladin, dem es noch vor wenigen Jahren gelungen war, die Kreuzritter aus Palästina zu vertreiben, kann nur dabei zusehen. Die Verstärkung, die hätte kommen sollen, kam nie, und schließlich konnte Akko der Belagerung nach mehreren Monaten nicht mehr standhalten. Akko sollte der letzte Außenposten vor dem heiligen Königreich Jerusalem werden. Jerusalem selbst konnten die Kreuzritter nie zurückerobern, aber in Akko waren sie bis 1291. In einer Stadt mit so viel Geschichte erinnert man sich an die Dinge, als wären sie erst gestern geschehen. Deshalb spricht man noch heute darüber, dass Richard Löwenherz nach der Belagerung alle 3000 Geiseln auf die Mauer von Akko stellte und sie vor Saladins Augen köpfen ließ. Löwenherz wollte weiter nach Jerusalem und die Geiseln hätten ihn nur Vorräte und Zeit gekostet.

Die Spuren der Kreuzritter findet man immer noch: Namen von Vierteln wie *suq il franj* (Platz der Franken) und *il bizani* (Pisa), aber auch Gebäude wie die Zitadelle und unterirdische Tunnel, die es den Soldaten ermöglichten, sich bei Angriffen schnell in verschiedene Stadtteile zu bewegen.

Akko existiert seit mindestens 5000 Jahren, auch wenn der Ort sich über die Jahrtausende verändert hat. Das moderne Akko ist von den Osmanen geprägt, die die Stadt im Jahr 1517 eroberten. Die bekanntesten Gebäude wurden von Ahmad Pasha, »Al-Jazzar«, erbaut. Er stammte aus Bosnien, doch im Zuge seiner langen und nicht ganz schnurgeraden Karriere wurde er 1776 schließlich Gouverneur von Akko. Den Spitznamen Al-Jazzar, der auf Arabisch Schlachter bedeutet, bekam er in seiner Jugend. Er

wurde so genannt, nachdem es ihm gelungen war, sich an einem Beduinenstamm zu rächen, der einen Freund getötet hatte.

Al-Jazzar wird als harter, aber gerechter Mann beschrieben. Sein größter Erfolg war es, Akko im Jahr 1799 gegen Napoleon zu verteidigen und damit dessen weitere Eroberung Palästinas zu stoppen. Dafür wird er in der Stadt noch heute gerühmt: »Nicht einmal Napoleon hat es geschafft, Akkos Mauern zu bezwingen!« Angeblich hat Napoleon, als er nach einer 63 Tage andauernden Belagerung aufgab, seinen Hut über die Mauer geworfen, damit wenigstens irgendetwas von ihm nach Akko gelangte.

Al-Jazzar hinterließ ein Akko, das reicher war als zu dem Zeitpunkt, an dem er gekommen war. Er ließ ein Aquädukt bauen, das die Trinkwasserversorgung von Al-Kabri im nördlichen Galiläa her sicherte. Er sorgte für die Verstärkung der Stadtmauern und ließ eine große Moschee errichten, in der er heute begraben ist. Außerdem gründete er Handelszentren in der Stadt, in denen Reisende ein paar Tage bleiben konnten, wenn Waren den Besitzer wechselten. Das war auch eine gute Methode, um sich Steuereinnahmen zu sichern. Auf sein Betreiben wurde 1781 auch ein großes Hamam fertiggestellt. das meine Großmutter bis zu seiner Schließung im Krieg 1948 besuchte.

Neben seiner Geschichte ist Akko auch für sein Essen bekannt. Angeblich haben die Einwohner während der langen Belagerung durch die Kreuzritter den Hummus erfunden. Heute gibt es über zehn Hummus-Restaurants, die zu den besten des Landes zählen. Fisch, Meeresfrüchte sowie Innereien sind nach wie vor wichtige Bestandteile der dortigen Küche.

Für mich hat Akko einen besonderen Platz in meinem Leben. Während ich auf dem Gymnasium war, wohnten wir einige Zeit mit der ganzen Familie dort. Da mein Vater ein Restaurant eröffnet hatte, zogen wir hin. Das Restaurant lag einen Steinwurf vom Meer entfernt und meine Brüder und ich verbrachten unsere Tage damit, auf den Klippen zu sitzen und zu baden und von den hohen Mauern Akkos ins Wasser zu springen. Ich war nie ein guter Fischer, meine Brüder waren da viel besser. Wir gingen in eine katholische Schule, die Terra Santa heißt und einen italienischen Priester als Rektor hatte. In diese Schule war auch mein Vater gegangen und sie wird noch heute als eine der besten Schulen der Gegend betrachtet. Die Disziplin war eisern, aber man gewöhnte sich daran. Es gab Schuluniformen und kein Mittagessen. Das musste man mitbringen oder auf dem Markt kaufen.

An was ich mich aus der Zeit in Akko am meisten erinnere, sind die starken Düfte. Manchmal gut und manchmal weniger gut riechend – alles von Gewürzen bis zu Fischinnereien. Die kühlen Gassen. Das Meer. Auch die Geräusche, die lautstarken Diskussionen, das Gelächter und die Gebetsrufe.

העמותה למען הזקן במגזר הערבי - עכו
04-9550952 :טל 04-9919228 :פקס
בית הבהאים
بيت البهائيين
Bahai House
اللهم
إني أسألك الجنة
وأعوذ بك من النار
כנסיית סנט גורג
كنيسة سانت جورج
St. George Church
ביכנ"ס רמח"ל
كنيس الرمحال
Ramhal Synagogue

Mitte der 1850er-Jahre brachten palästinensische Orangenzüchter in der Stadt Jaffa eine Orangensorte auf den Markt, die fast kernlos war, süß schmeckte, eine dicke Schale hatte, die man leicht entfernen konnte, und die sich ausgezeichnet für längere Transporte eignete. Sie wurde Jaffa-Orange genannt und entwickelte sich zu einem weltweiten Exportschlager.

اللحامي

99 ש״ח

ק״ג

20 ש״ח

عجل ק״ג - 6

200 ₪

مطحونة ק״ג 5

100 ₪

кг.

ечёнка

шек.

кг. 4

Фарш

100 шек.

Coca-Cola
ABU GEORGE
مطعم ابو جورج
חומוס פלאפל
HUMMUS FALAFEL
Since 1960 משנת
Coca-Cola
CRUNCH

ESSEN – EINE KOMPLIZIERTE ANGELEGENHEIT

Meine ersten Erinnerungen an Palästina stammen aus der Zeit, als ich sechs Jahre alt war. Israel hatten wir nie gesehen und mit dem eingeschränkten Wissen, das ich hatte, dachte ich, der Flughafen sei Israel – vor allem wegen der langen Kontrollen und weil ich die Sprache nicht verstand – und unser Dorf Mazra'a sei Palästina, weil man dort arabisch sprach.

Im Dezember 2016 stimmte der UN-Sicherheitsrat für eine Resolution, die israelische Siedlungen in den palästinensischen Gebieten, die 1967 okkupiert worden waren, verurteilte. Die Siedlungen wurden als illegal und als Hindernis für Frieden und eine zukünftige Zweistaatenlösung angesehen. Israel antwortete darauf mit einer Baugenehmigung für weitere 3000 neue Wohnungen. Noch heute werden die Siedlungen erweitert. Die lange Mauer, die Israel von den palästinensischen Gebieten trennt, und die Straßen, die diese Siedlungen verbinden, führen teils quer durch Ackerland und Olivenhaine. Oft wird die Arbeit auf dem Feld unmöglich gemacht, und manchmal wird es den Palästinensern nur einmal im Jahr erlaubt, ihre Anbauflächen zu besuchen.

Sowohl die Palästinenser, die als israelische Mitbürger in Israel wohnen, als auch die Palästinenser, die unter der Besatzung im Westjordanland und Gaza leben, haben ein bestenfalls kompliziertes Verhältnis zu Israel, spüren aber oft Unterdrückung. Obwohl Palästinenser und Israelis tatsächlich im selben Land wohnen und zum großen Teil dieselbe Art von Essen genießen, leben sie getrennt und abgegrenzt voneinander. Sie besuchen unterschiedliche Schulen, wohnen selten in denselben Gebieten und sprechen zum Teil nicht die Sprache des anderen. Palästinenser in Israel können Hebräisch, aber es ist selten, dass Israelis Arabisch sprechen. Wohnt man als Staatenloser in den besetzten Gebieten, ist im Prinzip das ganze Dasein von der israelischen Militärmacht abhängig.

Um zu verstehen, warum es kompliziert ist, in Israel und Palästina über Essen zu sprechen, muss man die Geschichte kennen und begreifen, was das Essen für die verschiedenen Menschen, die dort wohnen, symbolisiert. Meine Verwandtschaft lebt immer noch dort, wo sie immer gelebt hat, aber es ist nicht ganz einfach, sein Verhältnis zu der israelischen Identität, in die wir aufgenommen wurden, zu definieren. Wir sehen uns nicht als »andere Palästinenser«, nur weil wir nicht in den besetzten Gebieten wohnen.

Essen ist in Israel und in Palästina nicht nur Essen. Wenn man Hummus isst, ist das nicht nur ein Gericht, es ist ein Symbol. Für die Palästinenser ist es ein Symbol, das aussagt, dass auch vor den Israelis Hummus gegessen wurde und immer noch Hummus gegessen wird. Die Israelis andererseits suchen sogar in der Bibel nach Belegen dafür, dass bereits zur Zeit Davids Hummus gegessen wurde, um zu beweisen, dass die Israelis den Hummus nicht von den Palästinensern übernommen haben.

Weder das historische Palästina noch das moderne Israel sind jemals ethnisch oder religiös homogen gewesen, und solange der Konflikt weiter darum geht, wem das Land gehört, anstatt festzulegen, dass alle zu dem Land gehören, werden wir niemals eine friedliche Lösung erlangen. Es ist möglich zusammenzuleben, aber das funktioniert nur, wenn alle die gleichen Rechte haben.

Vorige Doppelseite links: Während der 1990er-Jahre emigrierten fast 900 000 Menschen aus verschiedenen Teilen der zerfallenen Sowjetunion nach Israel. Daher gibt es häufig Schilder mit hebräischer, arabischer und russischer Aufschrift wie diese Preistafel.

Vorige Doppelseite rechts: »Abu George« ist ein berühmtes Hummus-Restaurant im historischen Teil von Akko. Das Restaurant liegt genau neben der Moschee Al-Jazzar.

ESS-KULTUR & ERINNERUNGEN

In Palästina werden seit jeher wilde Kräuter und Pflanzen geerntet. Meine Tante Husnye zeigt mir, wie man die unterschiedlichen Pflanzen pflückt.

Die Pflanze links heißt Sinarye und wird im Frühling genossen, wenn sie noch weich ist. Dabei isst man den Stängel, der voller Flüssigkeit ist. Als meine Onkel als Kinder auf der Suche nach Abenteuern draußen waren, haben sie mit diesen Stängeln ihren Durst gestillt.

Elet (Zichorie)
Khobezi (Malve)
grüne Mandeln
Shomar (wilder Dill)
Hommeda, aus der Gattung
der Ampfer

Ich weiß noch, dass meine Großmutter früher immer auf der Veranda saß. Sie hatte stets einen Blick auf die Straße und auf uns Kinder, die draußen spielten. Eine ihrer ersten Fragen nach dem Guten-Morgen-Gruß war, was wir zu Mittag oder zu Abend essen wollten, und je nach Antwort bat sie meinen Großvater, das einzukaufen, was dazu nötig war. Mein Großvater besaß ein Fahrrad, das aussah, als stamme es noch aus der Zeit der Engländer, und damit fuhr er überall hin. Einmal wurde er von der Polizei angehalten, weil er auf der Schnellstraße die Höchstgeschwindigkeit überschritten hatte. Manchmal mussten wir auch mitkommen, wenn wir gesagt hatten, wir wollten Molokhia essen. Ein Stück außerhalb des Dorfes hatte er nämlich ein kleines Feld, auf dem er Okra, Molokhia, Spinat, Zucchini und vieles andere anbaute. Wenn es nicht genügend selbst gezogenes Gemüse gab, fuhr er mit dem Rad nach Akko und kaufte auf dem Markt ein.

War Essenszeit, rief meine Großmutter laut, sodass alle im Haus es hören konnten. Daraufhin kamen alle Cousins und Cousinen herunter, die Onkel, die zu Hause waren, und ihre Frauen. Wenn wir einen Ausflug machten, briet meine Großmutter Eier für uns, mit denen sie Pitabrot füllte. Oder Mana'ish, eine Art Minipizza, wenn wir Glück hatten. Die wurden mit ein paar Minigurken und Obst in kleine Plastiktüten eingepackt.

Mein Großvater mochte eigentlich alles, was meine Großmutter kochte, nur das nicht, worin Koriander vorkam. Er verabscheute Koriander so sehr, dass er ihn nicht einmal im Haus haben wollte. Dagegen liebte er scharfes Essen und zum Mittagessen aß er immer Chilischoten, die meine Großmutter in etwas Olivenöl im Ofen geröstet hatte. Meine Brüder, unsere Cousins und Cousinen und ich wetteiferten immer darum, wer sich zu probieren traute. Manchmal wagten wir einen Bissen und dann sprangen wir herum wie die Verrückten und schrien nach Wasser.

In den 1990er-Jahren war es üblich, dass palästinensische Verkäufer aus dem Westjordanland und Gaza mit einem großen

Pick-up oder Kleinlaster mit Waren im Dorf vorbeikamen. Meine Großmutter hatte ein großes Verhandlungstalent und einmal kaufte sie eine ganze Ladung Wassermelonen. Sie wollte so wenig zahlen, dass der Verkäufer sich anfangs weigerte. Dann sagte sie, wenn sie sie zu diesem Preis bekäme, würde sie die ganze Wagenladung kaufen. Der Verkäufer sah seine Chance, vielleicht etwas früher nach Hause zu kommen, und willigte ein. In diesem Sommer gab es bei uns oft Wassermelone.

Jedes Wochenende nahm mein Onkel Mustafa uns mit in einen Park namens Al-Zeeb. Der Park war bis zum Krieg 1948 eine palästinensische Stadt am Meer gewesen, aber heute sind nur noch Ruinen übrig. Ein Haus steht jedoch noch, und in diesem Haus wohnte die Schwester meiner Großmutter, bis sie umzog. Als Kind dachten wir nie weiter darüber nach. Das Meer nahm all unsere Aufmerksamkeit in Anspruch. Wir badeten und lernten, wie man Fische fing, indem man einen großen Kanister mit etwas Brot ins Wasser ließ und dann wartete, bis Fische hineinschwammen. Wir blieben oft den ganzen Tag, bis die Sonne unterging. Zum Abendessen wurde der Grill hervorgeholt und mein Onkel grillte Fleisch für uns. Es wurden immer enorme Mengen an Essen mitgenommen. Wir mussten zusammen helfen, um all die Kühltaschen voller Fleisch, Gemüse und Vorspeisen zu tragen.

Viele meiner Erinnerungen haben mit Essen zu tun. Die Mahlzeiten waren der soziale Kleber, der die Familie zusammenhielt. Meine Großmutter kochte auch dann weiter für die ganze Familie, als sie es nicht mehr musste. Ich weiß nicht, ob sie das bewusst oder unbewusst tat, aber wenn sie Essen machte, versammelten sich alle ihre Kinder, Enkel und sogar Urenkel um sie. Die Großzügigkeit, die ihren Ausdruck im Essen findet, liegt darin, dass kein Gast das Haus verlässt, ohne etwas zu essen bekommen zu haben.

Normalerweise isst man bei uns alles mit Brot, und ohne Brot ist keine Mahlzeit komplett. Meine Großeltern schätzten Brot immer sehr und warfen nie etwas weg. Wenn es zu trocken wurde, gab Großvater es den Vögeln. Ließ jemand Brot auf den Boden fallen, hob er es auf, machte es sauber und berührte damit seine Stirn. Als Entschuldigung vor Gott, dass man mit etwas so Kostbarem wie Brot fahrlässig umgegangen war. Nach traditionell arabischer Art wird bei einer Mahlzeit eine Schüssel mit Essen auf den Tisch gestellt und dann kann sich jeder mithilfe von Brot etwas aus der Schüssel nehmen. Je nachdem, wie viele aus der gemeinsamen Schüssel essen sollen, nimmt man unausgesprochen eine Mengeneinteilung des Essens vor. Wie unsichtbare Tortenstücke, die gleichmäßig unter denen verteilt werden, die mitessen. Es ist höflich, dem anderen anzubieten, sich als Erster zu nehmen. Heutzutage ist es üblich, Teller auf den Tisch zu stellen, aber auch wenn das Besteck natürlich seinen Einzug gehalten hat, verwendet man immer noch Brot, um damit zu essen. Mein Onkel sieht mich jedes Mal verwundert an, wenn ich Hühnchen mit Besteck esse, und ruft dann: »Warum isst du so? Das schmeckt doch weniger gut!«

Die Esskultur ist von Großzügigkeit und Gastfreundschaft geprägt. Als Gast wird man immer eingeladen, die Mahlzeit zu teilen, und es gehört sich nicht, jemandem einen Besuch bei sich zu verweigern. Der Gast steht im Mittelpunkt und die Gastgeberfamilie sorgt dafür, dass er den Tisch satt und zufrieden verlässt. Viele dieser Traditionen haben sich von den Beduinen überliefert und es gibt eine Redensart, die besagt, dass auch ein Fremder ein Gast ist, wenn er zufällig in ein Haus kommt.

Die Zutaten in der Küche Palästinas sind die, die rund um das ganze Mittelmeer verwendet werden. Viel Gemüse, Bohnen, Linsen und Weizen in unterschiedlichen Formen. Je näher man an der Küste wohnt, desto mehr Fisch wird gegessen. Als Fleisch wurde traditionell Hühnchen oder Lamm serviert und es wurde eher in kleinen Mengen verzehrt, außer an großen Festtagen, wenn man ein Lamm schlachtete.

In Palästina wird den ganzen Tag über am liebsten Kaffee als Heißgetränk getrunken, meist gesüßt und mit Kardamom gewürzt. Er wird in kleinen Tassen, die *finjan* genannt werden, genossen und es ist üblich, dass der Gast sowohl einen Willkommenskaffee als auch einen Abschiedskaffee bekommt. Bei Beerdigungen und Hochzeiten serviert man einen besonderen Kaffee aus dem Jemen, der *qahwi sada* heißt, was so etwas wie einfacher Kaffee heißt, was bedeutet, dass er nicht gesüßt wird. Das ist ein sehr starker Kaffee, der viele Stunden lang gekocht wurde.

ALAQSA SPICES

Im ganzen Land gibt es viele große Märkte und im Osmanischen Reich waren sie eine wichtige Einkommensquelle für die Städte. Bauern und Händler von nah und fern besuchten die Städte und bezahlten Zoll, um ihre Waren verkaufen zu dürfen.

Der Olivenbaum links ist über 700 Jahre alt und trägt immer noch jedes Jahr reichlich Früchte. Wenn man die Bäume gut pflegt, können sie noch älter werden. Die Oliven und das Olivenöl oben stammen von diesem Olivenhain. Die Familie, der der Baum gehört, hat uns erlaubt, Fotos zu machen, und war so großzügig, uns Oliven als Geschenk mitzugeben.

שחור
גרוס.
כמון.
שווארמה.
פלפל שחור.
קארי
תבלין לפיצה

Gewürze wie Kreuzkümmel, Nelken, Muskat, Ingwer und Paprika sind wichtige aromatische Grundzutaten. Oft werden sie zu Gewürzmischungen zusammengemischt und ganz einfach *baharat* genannt, was »Gewürze« bedeutet. Es gibt unterschiedliche Gewürzmischungen für Fisch und Fleisch und gerne geht man zu seinem Lieblingsgewürzhändler, der die nach eigenem Gusto beste Mischung anbietet.

BAHARAT ZU ALLEM

ca. 200 g

1 EL frisch gemahlener schwarzer Pfeffer
3 EL gemahlener Koriander
1 EL gemahlener Zimt, gerne Ceylon-Zimt
2 TL gemahlene Gewürznelken
3 EL gemahlener Kreuzkümmel
2 TL gemahlener Kardamom
2 TL gemahlene Muskatnuss
4 EL Paprikapulver
1 EL gemahlener Ingwer
1 TL gemahlener Piment

SO WIRD'S GEMACHT:

Alle Zutaten gut miteinander vermischen und in einem verschließbaren Glas aufbewahren.

BAHARAT FÜR HÜHNCHEN UND FLEISCH

ca. 250 g

1 EL frisch gemahlener schwarzer Pfeffer
3 EL gemahlener Koriander
1 EL gemahlener Zimt, gerne Ceylon-Zimt
2 TL gemahlene Gewürznelken
3 EL gemahlener Kreuzkümmel
2 TL gemahlener Kardamom
2 TL gemahlene Muskatnuss
4 EL Paprikapulver
1 EL gemahlener Ingwer
1 TL gemahlener Piment
1 EL gemahlener Bockshornklee
1 EL gemahlene Kurkuma
1 EL getrockneter Knoblauch

SO WIRD'S GEMACHT:

Alle Zutaten gut miteinander vermischen und in einem verschließbaren Glas aufbewahren.

SUMAK

Sumak ist eine Beere, die im Mittelmeerraum wächst. Im Nahen Osten wird sie als Gewürz verwendet, das Speisen einen säuerlichen Geschmack verleiht. Sumak ist wichtig für viele verschiedene Gerichte, zum Beispiel Fattoush und Musakhan.

ZATAR

Zatar ist sowohl eine Gewürzmischung als auch eine Bezeichnung für verschiedene Oregano- und Thymiansorten. Die beste Sorte ist der syrische Oregano, *Origanum syriacum*, den man so gut wie nie bekommt, es sei denn, man wohnt in einem mediterranen Land und kann in die Berge wandern. Die Gewürzmischung Zatar besteht aus Oregano, Thymian, Sumak, gerösteten Sesamsamen und etwas Salz und ist ein wichtiger Teil der palästinensischen Esskultur.

400 g

100 g getrockneter Oregano
100 g getrockneter Thymian
100 g Sumak
100 g geröstete Sesamsamen
1 EL Salz

SO WIRD'S GEMACHT:

Alle Kräuter gut miteinander vermischen und in ein Gefäß mit dicht schließendem Deckel geben. Kann man für alles Mögliche verwenden: als Topping für Joghurt, als Gewürz in der Pastasoße oder zum Bestreuen von Mana'ish.

BROT

Pitabrot
GRUNDREZEPT

10–12 BROTE

25 g Hefe

2 TL Salz

400 ml kaltes Wasser

540 g Weizenmehl + 60 g zum Kneten und Formen

Dies ist das Basisbrot, das man zu den meisten Gerichten isst. Auf Arabisch heißt es *ikmaj*, auf Hebräisch wird es *pita* genannt, vom griechischen Namen für Brot. Während des Backens geht das Brot auf und wenn man es aufschlitzt, erhält man eine praktische Tasche, die man mit Falafel oder anderen leckeren Dingen füllen kann.

SO WIRD'S GEMACHT:

Hefe und Salz in einer Schüssel verrühren, dann das Wasser zufügen.

Nahezu alles Mehl untermischen und das Ganze zu einem geschmeidigen Teig verkneten. Er darf etwas klebrig sein, aber nicht zu flüssig. Teig in Frischhaltefolie wickeln, sodass die Feuchtigkeit nicht verloren geht, und den Teig in einer Schüssel im Kühlschrank über Nacht gehen lassen.

Den Ofen auf 250 °C vorheizen. Den Teig aus der Schüssel nehmen und noch mal durchkneten. Dann 10–12 Brötchen daraus formen. Ein Geschirrtuch darüberlegen und die Brötchen ca. 30 Minuten gehen lassen.

Jedes Brötchen etwa 5 mm dick ausrollen. Die Brote dann am besten direkt auf einem erhitzten Pizzastein oder auf einem Blech im Ofen backen (wenn das Blech heiß genug ist, braucht man kein Backpapier), bis sie aufgehen und etwas Farbe bekommen. Das dauert 2–4 Minuten. Herausnehmen und vor dem Servieren etwas abkühlen lassen.

Tipp! Frieren Sie übrige Brote am besten noch ein, wenn sie lauwarm sind, maximal vier Brote in einem Gefrierbeutel, sodass sie schnell durchfrieren. Dann bei Bedarf einfach herausnehmen.

Bewahren Sie evtl. einen Teil des Teiges auf, um Zatar-Sticks von der nächsten Seite zu backen.

Zatar-Sticks

Verwenden Sie einen Teil des Brotteigs für würzige Sticks – perfekt zum Dippen!

20 Sticks

⅓ des Pitabrot-Teigs von der vorherigen Seite
50 g Zatar, siehe Rezept S. 49

SO WIRD'S GEMACHT:

Den Ofen auf 220 °C vorheizen.

Dem Rezept für Pitabrot folgen, aber zusammen mit dem Mehl auch Zatar untermischen.

Aus dem Teig schmale, ca. 10 cm lange Sticks formen und mit einem Geschirrtuch bedeckt 30 Minuten gehen lassen.

Sticks auf einem Blech im Ofen 5–10 Minuten backen und vor dem Servieren etwas abkühlen lassen.

MANA'ISH

Zwiebelmischung für Mana'ish
Ib Basal auf Seite 65.

Meine Tante Husnye backt die besten Mana'ish.

Mana'ish

Mana'ish ist die Antwort des Nahen Ostens auf Pizza. Der Unterschied liegt im Belag: Zatar mit Olivenöl, gebratene Zwiebeln mit Sumak und Paprika oder Labneh. Mit das Beste, das ich kenne, sind frisch gebackene Mana'ish zum Frühstück mit einer Tasse Minztee. Die Fladen sollten vor Olivenöl triefen und es ist schwer, der Versuchung zu widerstehen, sie zu essen, auch wenn sie noch zu heiß sind.

MANA'ISH-TEIG

10–15 Pizzen

1 Portion Pitabrot-Teig, siehe Rezept S. 52.

Belag, siehe Vorschläge auf den nächsten Seiten.

SO WIRD'S GEMACHT:

Den Teig nach dem Rezept für Pitabrot zubereiten. Kreise mit ca. 15 cm Durchmesser ausrollen. Ein Geschirrtuch darüber legen und Fladen ca. 30 Minuten gehen lassen. Dann den Teig leicht mit den Fingern eindrücken, sodass er nicht aufgeht.

Den Ofen auf 250 °C oder zumindest die höchstmögliche Ofentemperatur vorheizen.

Teig mit einem Belag, wie auf den folgenden Seiten vorgeschlagen, belegen oder eine eigene Variante erfinden. Ca. 5 Minuten im Ofen backen.

אבו שקרה
סירופ בטעם
תמר הנדי
مشروب مركز بطعم تمرهندي
כשר

MANA'ISH LAHM BI AJIN

SO WIRD'S GEMACHT:

Die Pizzaböden nach der Anleitung von Seite 61 zubereiten.

Zwiebel und Knoblauch schälen und hacken. Die Tomaten würfeln und die Chilischote hacken. Zwiebeln und Knoblauch in einer Pfanne in Öl weich braten. Hackfleisch und Baharat zufügen und anbraten. Tomaten und Chili dazugeben und alles köcheln lassen, bis die Flüssigkeit verdampft ist. Hackfleischmischung nach Geschmack salzen und pfeffern.

Die Hackfleischmischung auf den Pizzaböden verteilen. Pizzen ca. 5 Minuten am besten auf einem heißen Pizzastein oder einem heißen Blech im 250 °C warmen Ofen backen, bis die Pizzen ein wenig Farbe bekommen.

4 Pizzen

1 große Zwiebel

4 Knoblauchzehen

3 Tomaten

1 Chilischote

Olivenöl zum Braten

200 g Hackfleisch, Lamm oder Rind

1 TL Baharat, siehe Rezept S. 47

Salz

frisch gemahlener schwarzer Pfeffer

MANA'ISH IB LABNEH

SO WIRD'S GEMACHT:

Den Joghurt im Kühlschrank mindestens 8 Stunden durch ein Siebtuch oder einen Kaffeefilter abtropfen lassen.

Die Pizzaböden nach der Anleitung auf Seite 61 zubereiten. Anschließend Labneh auf den Böden verteilen und dann Pizzen am besten auf einem heißen Pizzastein oder einem heißen Blech ca. 5 Minuten im 250 °C warmen Ofen backen.

Vor dem Servieren mit Olivenöl beträufeln.

6–8 Pizzen

1 l Naturjoghurt

Olivenöl zum Servieren

Mana'ish Ib Basal
Mana'ish Ib Zatar

MANA'ISH IB BASAL

SO WIRD'S GEMACHT:

Die Pizzaböden nach der Anleitung auf Seite 61 zubereiten.

Die Zwiebeln schälen und hacken. In etwas Öl und mit einer Prise Salz bei geringer Hitze in einem Topf anbraten. Das Salz bewirkt, dass die Zwiebeln schneller gar werden. Vorsichtig umrühren. Die Zwiebeln sollen glasig, aber noch bissfest sein.

Topf vom Herd nehmen und Öl, Paprikamark, Baharat und evtl. etwas Harissa oder Chili zufügen. Vorsichtig umrühren, bis das Ganze an ein Pesto erinnert.

Die Brote mit dem Pesto bestreichen und dann am besten auf einem Pizzastein oder einem heißen Backblech in den Ofen stellen. Bei 250 °C ca. 5 Minuten backen.

6–7 Pizzen

3 Zwiebeln

100 ml Olivenöl + etwas mehr zum Braten

Salz

2 EL Paprikamark oder Tomatenmark

¼ TL Baharat, siehe Rezept auf S. 47

evtl. etwas Harissa oder Chili (wenn Sie gern scharf essen)

MANA'ISH IB ZATAR

SO WIRD'S GEMACHT:

Die Pizzaböden nach der Anleitung auf Seite 61 zubereiten.

Zatar in einer Schüssel mit dem Öl verrühren, bis eine Art Pesto entsteht. Die Mischung auf den ausgerollten Teig streichen.

Pizzen am besten auf einem heißen Pizzastein oder einem heißen Blech im 250 °C warmen Ofen ca. 5 Minuten backen.

Die Tomaten hacken und die Minzblätter von den Stängeln zupfen.

Das Brot aus dem Ofen nehmen und etwas Zitrone darüber pressen. Mit Tomate und Minze belegen und genießen, am besten zusammen mit einer Tasse Minztee.

6 Pizzen

100 g Zatar, siehe Rezept S. 49

50 ml Olivenöl

ein paar Tomaten

1 Bund Minze

Saft von ½ Zitrone

Jerusalem-Brot

4–6 Brote

25 g Hefe

700 ml lauwarmes Wasser

5 TL Zucker

840 g Weizenmehl

3 TL Salz

6 EL neutrales Speiseöl (Sonnenblumen- oder Rapsöl)

210 g weiße Sesamsamen

Auf Arabisch heißt dieses Brot *Ka'ak,* was ein Sammelbegriff für süßes Gebäck oder Kuchen ist. Varianten dieses Brotes werden im ganzen Nahen Osten zubereitet, aber genau dieses Brot, das *Ka'ak il Quds* oder Jerusalem-Brot genannt wird, ist eine Spezialität für Jerusalem. Nirgendwo anders schmeckt dieses Brot so gut wie dort. Die Form kann variieren.

SO WIRD'S GEMACHT:

Die Hefe zusammen mit dem lauwarmen Wasser und dem Zucker in eine Schüssel bröckeln. 10 Minuten stehen lassen, sodass die Hefe aktiv wird.

Mehl und Salz in einer Schüssel vermischen, das Hefewasser und das Öl zufügen und alles zu einem Teig verkneten. Die Schüssel mit einem Tuch bedecken und den Teig 45 Minuten gehen lassen.

Teig dann in kleinere Kugeln teilen und auf ein bemehltes Backbrett mit Platz zum Gehen legen. Die Teigkugeln mit Frischhaltefolie bedecken und noch einmal ca. 45 Minuten gehen lassen.

Die Teigkugeln jeweils zu einem Ring formen. Den Sesam auf einen Teller geben. Die Ringe im Sesam wenden (oder damit bestreuen, falls das besser geht) und auf ein Blech mit Backpapier legen. Es kann gar nicht zu viel Sesam sein! Den Ofen auf 220 °C vorheizen. Die Teigringe weitere 15 Minuten ruhen lassen.

Dann im Ofen 15–20 Minuten backen. Dabei immer wieder nachschauen. Die Brote sollten goldbraun werden, aber nicht verbrennen.

Die Brote pur oder mit Olivenöl und Zatar servieren.

Soßen & Dips

grobes Muhammara,
siehe S. 82

Salata Turki, siehe S. 81
Taratour,
siehe S. 74
Amba,
siehe S. 76
Tahinisoße, siehe S. 74

Skhug,
siehe S. 76
Baba Ghanoush,
siehe S. 78
Auberginensalat,
siehe S. 75

TAHINISOSSE

ca. 500 ml

2 Knoblauchzehen

200 g Tahini

100 ml frisch gepresster Zitronensaft

300 ml Wasser

1 TL Salz

Tahinisoße schmeckt eigentlich zu allem. Da sie aus Sesampaste gemacht wird, ist sie auch sehr gesund – reich an Proteinen, Kalzium, Ballaststoffen und guten Fettsäuren. Tahinisoße kann man auch gut variieren, einfach ausprobieren! Warum nicht mal Bärlauch oder Dill dazugeben?

SO WIRD'S GEMACHT:

Die Knoblauchzehen schälen und mit den übrigen Zutaten in eine Schüssel geben. Alles mit einem Stabmixer zu einer glatten Soße mixen.

TARATOUR

ca. 500 ml

2 Knoblauchzehen

200 g Tahini

Saft von 1 Zitrone

200 ml Wasser

1 Bund Petersilie

1 TL Salz

Taratour ist ähnlich wie die Tahinisoße, enthält aber auch Petersilie und ist herrlich grün.

Diese Soße passt besonders gut zu Fisch. Sie schmeckt auch gut, wenn man gehackte Tomaten und Zwiebeln untermischt.

SO WIRD'S GEMACHT:

Die Knoblauchzehen schälen und mit den übrigen Zutaten in eine Schüssel geben. Alles mit einem Stabmixer zu einer glatten Soße mixen.

HARISSA

Harissa ist für den Nahen Osten das, was Ketchup für Nordeuropa ist. Allerdings gibt es einen großen Unterschied: Harissa ist wirklich sehr scharf.

200–300 ml

1 TL Kümmel

1 TL gemahlener Kreuzkümmel

1 TL getrocknete Koriandersamen

100 g gemischte getrocknete und frische Chilischoten, z. B. Spanischer Pfeffer, Serrano-Chili, Ancho-Chili

2 Knoblauchzehen

1 TL Salz

100 ml neutrales Speiseöl

50–100 ml Wasser

SO WIRD'S GEMACHT:

Den Ofen auf 200 °C vorheizen. Die Gewürze in einer Pfanne ohne Fett rösten und abkühlen lassen. Dann in einer Gewürzmühle mahlen oder mit einem Mörser zerstoßen.

Die getrockneten Chilischoten in Wasser einweichen, bis sie weich sind. Die frischen Chilischoten auf einem Blech im Ofen rösten, bis sie Farbe bekommen. Herausnehmen und abkühlen lassen.

Die Knoblauchzehen schälen. Alle Chilischoten zusammen mit dem Knoblauch, den Gewürzen, dem Salz und dem Öl in eine Schüssel geben und pürieren. Etwas Wasser zufügen, um das Mixen zu erleichtern (höchstens 100 ml). Die Konsistenz sollte cremig sein.

AUBERGINENSALAT

Die Variationsmöglichkeiten der Aubergine sind unendlich. Dieser Salat schmeckt sowohl warm als auch kalt.

4 Portionen

2 Auberginen

Salz

neutrales Speiseöl zum Braten

1 Knoblauchzehe

1 Bund Petersilie

Saft von ½ Zitrone

SO WIRD'S GEMACHT:

Die Auberginen in 1 cm dicke Scheiben schneiden. Salzen und ca. 30 Minuten stehen lassen, bis sie zu schwitzen beginnen. Dann abwaschen und mit Küchenpapier trocken tupfen. Reichlich Öl in einer Pfanne erhitzen und Auberginenscheiben darin von beiden Seiten weich braten. Auf Küchenpapier abtropfen lassen.

Den Knoblauch schälen. Knoblauch und Petersilie hacken und in einer Schüssel mit dem frisch gepressten Zitronensaft vermischen. Die Auberginen unterheben und den Salat mit Salz abschmecken.

AMBA

ca. 300 ml

4 frische Mangos oder 675 g gefrorene, gewürfelte Mango

1 EL Salz

1 rote oder grüne Chilischote

100 ml neutrales Speiseöl

2 EL gemahlener Bockshornklee

1 TL gemahlene Kurkuma

1 TL gemahlene Senfsamen

100 ml Branntweinessig, 12 %

Amba ist eine Mangosoße, die gut zu Gegrilltem und Falafel passt. Sie kann in einem sauberen Glas mehrere Wochen lang im Kühlschrank aufbewahrt werden. Ich mixe sie vor dem Servieren immer glatt.

SO WIRD'S GEMACHT:

Frische Mango schälen, das Fruchtfleisch vom Kern schneiden und in eine Schüssel geben. Bei Verwendung von gefrorener Mango die Würfel in eine Schüssel geben. Salzen und ca. 1 Stunde stehen lassen.

Die Chilischote hacken. Das Öl in einem Topf erhitzen und Chili und alle Gewürze zufügen. Bei mittlerer Hitze unter ständigem Rühren braten.

Die Mango zufügen und rühren, bis das Ganze zu köcheln beginnt.

Den Essig angießen. Eine Weile köcheln lassen und dann Topf vom Herd nehmen. Mischung abkühlen lassen.

SKHUG

500 ml

8–10 Chilischoten (100 g)

100 ml Olivenöl

100 ml frisch gepresster Zitronensaft

3 Knoblauchzehen

3 TL gemahlener Kreuzkümmel

1 TL gemahlener Kardamom

1 TL Salz

1 TL frisch gemahlener schwarzer Pfeffer

1 Bund Koriander

Skhug (wird *Suhook* ausgesprochen) ist eine unglaublich aromatische Chilisoße, die man mit verschiedenen Chilisorten variieren kann. Ich nehme meist grüne Chilischoten wegen der Farbe. Skhug stammt eigentlich aus dem Jemen und hat sich dank der jemenitischen Juden auch in Israel verbreitet.

SO WIRD'S GEMACHT:

Die Chilischoten in einer Schüssel mit Olivenöl und Zitrone vermischen.

Den Knoblauch schälen und in die Schüssel reiben.

Die Gewürze und zum Schluss den Koriander zufügen, sowohl Blätter als auch Stängel. Alles mit einem Stabmixer oder einer Küchenmaschine pürieren.

Die Mangosoße Amba stammt ursprünglich aus Indien, wird aber auch im Irak sehr gern gegessen. Als irakische Juden nach Israel kamen, brachten sie ihre Lieblingssoße mit. Amba kommt von dem Wort amra, das auf Sanskrit Mango bedeutet. Die Mangos müssen nicht reif sein, aber je reifer sie sind, desto süßer wird die Soße.

Baba Ghanoush

Dies ist der König aller Auberginen-Dips. Mein Vater hat Baba Ghanoush immer mit Mayonnaise anstelle von Tahini gemacht, als wir klein waren. Aber im Original gehört einfach Sesampaste hinein. Der Dip sollte nach Knoblauch und frischer Zitrone schmecken.

4 Portionen

2 Auberginen

3 Knoblauchzehen

2 EL frisch gepresster Zitronensaft

1 EL Tahini

1 TL Salz

Olivenöl

Granatapfelkerne zum Garnieren

SO WIRD'S GEMACHT:

Den Ofen auf 200 °C vorheizen.

Die Auberginen in Alufolie wickeln und ca. 1 Stunde im Ofen rösten. Es macht nichts, wenn die Schale verbrennt.

Auberginen dann herausnehmen und abkühlen lassen. Sie sollten ganz weich sein. Die Schale abziehen und das Fruchtfleisch in eine Schüssel geben. Knoblauch schälen, pressen und mit dem Zitronensaft dazugeben. Tahini und Salz untermischen. Alles mit einem Stabmixer pürieren.

Dip mit etwas Olivenöl beträufeln und mit Granatapfelkernen bestreuen.

Tipp! Mit Petersilie, Koriander oder Minze bestreuen.

Auberginenmus mit Paprikamark

Diese Beilage machen wir gern in meinem Restaurant »Falafelbaren«. Wir verwenden Paprikamark anstelle des im Originalrezept vorgesehenen Tomatenmarks, weil wir Gäste haben, die allergisch gegen Tomatenmark sind. Entscheiden Sie selbst, welches Mark Sie nehmen wollen!

4 Portionen

2 Auberginen

Salz

Olivenöl

2 Knoblauchzehen

1 große Zwiebel

3 EL Paprikamark oder Tomatenmark

3 EL Wasser

1 Schuss frisch gepresster Zitronensaft

2 TL gemahlener Kreuzkümmel

1 TL getrockneter Koriander

1 TL frisch gemahlener schwarzer Pfeffer

SO WIRD'S GEMACHT:

Den Ofen auf 220 °C vorheizen.

Die Auberginen der Länge nach halbieren und salzen. Die Hälften auf ein eingeöltes Backblech legen und mit Öl beträufeln. 40 Minuten im Ofen backen, bis die Auberginen ganz weich sind.

Den Knoblauch und die Zwiebel schälen und grob schneiden. In einer Pfanne bei mittlerer Hitze braten, bis sie ganz weich und braun sind, das dauert ca. 20 Minuten. Sie sollen aber nicht verbrennen.

Paprikamark, Wasser, Zitrone, Zwiebel, Knoblauch und Gewürze in einer Schüssel vermischen. Paprikamark ist meist schon salzig, daher Vorsicht beim Salzen.

Die Auberginen auf einen großen Teller legen und die Paprikasoße vorsichtig »einarbeiten«. Die Auberginen aber nicht zerdrücken. Verwenden Sie am besten einen Gummilöffel und wälzen Sie die Auberginen behutsam in der Soße, bis sie rundherum damit überzogen sind.

Salata Turki

4 Portionen

1 Zwiebel

2 Knoblauchzehen

4 Tomaten

2 Chilischoten

1 Bund Petersilie

1 EL frisch gepresster Zitronensaft

2 TL Granatapfelsirup

2 TL Paprikamark

1 EL Olivenöl

1 TL Sumak

1 Prise Salz

2 TL gehackte frische Minze

Palästina wurde im 16. Jahrhundert Teil des Osmanischen Reichs und blieb es bis zum Ersten Weltkrieg. Die Osmanen bauten unter anderem Akko mit neuer Mauer und großen Marktplätzen wieder auf. Akko wurde daraufhin ein wichtiger Handelsplatz, nachdem es einige Jahrhunderte im Halbschlaf gelegen hatte, seit die Kreuzritter die Stadt 1187 hatten aufgeben müssen. Außer besseren Mauern und Aquädukten brachten die Osmanen auch Esmesalat mit, der sich zu Salata Turki (türkischer Salat) entwickelt hat.

SO WIRD'S GEMACHT:

Zwiebel und Knoblauch schälen. Zwiebeln, Knoblauch, Tomaten, Chilischoten und Petersilie fein hacken und in eine Schüssel geben.

Frisch gepressten Zitronensaft, Granatapfelsirup, Paprikamark und Olivenöl vermischen und unter den Salat mischen.

Mit Sumak, Salz und Minze würzen.

Katzen genießen ein besonderes Ansehen im Islam. Der Prophet Mohammed liebte Katzen und hatte eine Lieblingskatze, die Muezza hieß. Der Legende nach wollte er sie nicht wecken, wenn sie auf seiner Gebetskleidung schlief, und schnitt dann einfach ein Stück davon ab, sodass sie liegen bleiben konnte.

Katzen gelten als rein und dürfen sich sowohl in Häusern als auch in Moscheen aufhalten, daher ist es nicht ungewöhnlich, Katzen wie hier in der Al-Jazzar-Moschee in Akko umherstreifen zu sehen.

Muhammara

4 Portionen

6 rote Paprikaschoten

ca. 2 EL neutrales Speiseöl

40 g Walnüsse

1 TL Chili

2 TL Paprikapulver

2 Knoblauchzehen

1 EL frisch gepresster Zitronensaft

1 EL Granatapfelsirup

Salz

evtl. Granatapfelkerne zum Garnieren

Muhammara ist ein würziges, cremiges und leckeres Mus, das zu vielem passt. Man kann die Zutaten auch einfach miteinander verrühren, ohne sie zu pürieren, siehe Bild auf Seite 70.

SO WIRD'S GEMACHT:

Den Ofen auf 200 °C vorheizen.

Die Paprikaschoten auf ein Backblech legen, mit Öl beträufeln und im Ofen ca. 30 Minuten backen. Herausnehmen und abkühlen lassen.

Die Walnüsse in einer trockenen Pfanne rösten. Beiseitestellen und abkühlen lassen. Anschließend grob hacken.

Die Paprikaschoten von Kernen und Stiel befreien und zusammen mit allen Zutaten in einer Schüssel zu einer cremigen Paste pürieren.

In eine Schüssel füllen und evtl. mit frischen Granatapfelkernen bestreuen.

Muhammara kommt vom arabischen Wort für die Farbe Rot. Eine nicht ganz korrekte wörtliche Übersetzung wäre »verrötet«.

VEGETARISCHES

Snapple
10

מובחרות
טל: 04-6566184
פל: 050-7448378
טל: 04-6566184
פל: 050-7448378

Dies ist der russische Markt Souq al rous im alten Teil von Akko in Nordisrael. Anfangs war es ein Flohmarkt, der in den 1980er-Jahren von sowjetischen Immigranten gegründet wurde, die dort mitgebrachte Waren verkauften. Heute lebt der Name zwar weiter, aber die angebotenen Waren haben sich von Matroschka-Puppen und Stoffen zu Gemüse, Obst und Fleisch verändert.

Frittierte Kartoffeln, siehe S. 130
Skhug, siehe S. 76

Falafel

Falafel

6 Portionen

FALAFEL

500 g eingeweichte Kichererbsen

3 Zwiebeln

2 ganze Knoblauchknollen

1 Bund Koriander

1 Bund Petersilie

1 Frühlingszwiebel

2 Chilischoten

4 EL gemahlener Kreuzkümmel

1 EL getrockneter Koriander

1 EL Salz

100 ml Wasser

1 TL Natron

2 l Öl zum Frittieren

SIE BRAUCHEN

1 Fleischwolf oder Küchenmaschine

1 tiefen Topf zum Frittieren oder Fritteuse

Schaumlöffel oder Sieb

ZUM SERVIEREN

Pitabrot, siehe Rezept S. 52

Jerusalem-Salat, siehe Rezept S. 124

Skhug, siehe Rezept S. 76

Frittierte Kartoffeln, siehe Rezept S. 130

Eingelegtes, siehe Rezept S. 133

Tahinisoße, siehe Rezept S. 74

Der Nahe Osten ist das Epizentrum der Debatte um Falafel – wer die besten macht und wer das Gericht erfunden hat. Ursprünglich kommen Falafel vermutlich aus Ägypten und haben sich von dort aus verbreitet. Sie werden entweder aus Kichererbsen oder Saubohnen oder einer Mischung aus beidem gemacht. Wenn man Falafel bestellt, sollte man auf einige Dinge achten.

Falafel sollten immer frisch auf Bestellung frittiert werden. Es sollte keine »weiße Soße« dazu gereicht werden, sondern Tahinisoße oder Taratour. Einen großen Geschmacksunterschied machen die verschiedenen Würzungen aus. Werden dem Teig viele frische Kräuter untergemischt, sind die Falafel nach dem Frittieren dunkler. Man kann aber auch auf frische Kräuter verzichten und nur getrocknete verwenden. Dann bekommen die fertigen Bällchen eine eher goldbraune Farbe. Im Nahen Osten sind die Falafel meist ganz einfach und werden im Brot mit ein paar Tomatenscheiben, ein paar Pickles, frischen Minzblättern und viel Tahinisoße serviert.

Das Wichtigste ist, dass man eingeweichte Kichererbsen verwendet und keine gekochten. Mit gekochten Kichererbsen funktioniert es nicht. Nehmen Sie zum Zerkleinern am besten einen Fleischwolf mit einer Lochscheibe von 3 bis 4 ½ mm, das gibt das beste Resultat. Je kleiner die Lochscheibe, desto feiner werden die Falafel, aber auch weniger knusprig. Wenn Sie eine Scheibe mit 4 ½ mm nehmen, drehen Sie die Masse am besten zweimal durch, dann wird die Konsistenz am besten. Natürlich können Sie auch eine Küchenmaschine verwenden, aber Vorsicht, dass der Teig nicht zu fein wird.

Für das Rollen der Bällchen gibt es unterschiedliche Techniken. Am einfachsten geht es mit einem Falafel-Portionierer, den es im Internet zu kaufen gibt. Ansonsten können Sie auch zwei Löffel verwenden.

⁘

Tipp! Wenn Sie einen Teil des Falafelteigs aufbewahren wollen: Er hält sich ein paar Tage im Kühlschrank. Man kann ihn auch wunderbar einfrieren.

SO WIRD'S GEMACHT:

Die Kichererbsen über Nacht oder 9–12 Stunden in einer Schüssel mit Wasser einweichen. Denken Sie daran, dass sie fast dreimal so groß werden, also genug Wasser nehmen! Die Kichererbsen dann in einem Sieb abtropfen lassen.

Zwiebeln und Knoblauch schälen und hacken.

Den Fleischwolf in Gang setzen und mit ein paar Kichererbsen füllen, dann immer abwechselnd Kichererbsen, Zwiebeln, Knoblauch, frische Kräuter, Frühlingszwiebel und Chilischoten zerkleinern. Wenn alles zerkleinert ist, die getrockneten Kräuter, Salz, Wasser und Natron untermischen. Das Natron bewirkt, dass die Falafel beim Frittieren aufgehen.

Das Öl in einem hohen Topf auf 185 °C erhitzen. Es sollte Blasen werfen, sobald eine Falafel hineinkommt, aber nicht zu wild blubbern, dann ist es zu heiß.

Die Bällchen formen. Wenn Sie mit Löffeln arbeiten, nehmen Sie mit einem Löffel etwas Teig, rollen ihn von einem Löffel in den anderen und lassen das Bällchen vorsichtig ins Öl gleiten. Immer ein paar Bällchen gleichzeitig hineingeben und erst nach ein paar Sekunden wenden, damit sie nicht kaputt gehen. Zum Herausnehmen am besten einen Schaumlöffel oder ein kleines Sieb verwenden. Die Falafel sollten goldbraun sein und knusprig an der Oberfläche. Auf ein Stück Küchenpapier legen und so schnell wie möglich servieren.

Wählen Sie das richtige Öl!

Ein neutrales Öl wie Sonnenblumenöl, Erdnussöl oder Rapsöl fügt dem Frittiergut keinen eigenen Geschmack hinzu. In vielen mediterranen Ländern frittiert man auch in Olivenöl und die Ansichten darüber, ob das gesund ist oder nicht, gehen weit auseinander. Olivenöl hat einen verhältnismäßig niedrigen Rauchpunkt (190 °C), doch man muss auch selten bei höheren Temperaturen frittieren. Ich mische gern etwas Olivenöl ins Rapsöl, wenn ich Kartoffeln frittiere. Das ergibt einen herrlichen Geschmack!

Beobachten Sie das Öl beim Frittieren, denn es sollte nie zu rauchen anfangen. Die verschiedenen Öle vertragen unterschiedlich hohe Temperaturen. Wenn das Öl stark zu schäumen beginnt, wenn es ranzig riecht oder schmeckt, sollten Sie es wegwerfen. Aber bitte nicht in den Ausguss schütten. Warten Sie, bis das Öl kalt geworden ist, gießen Sie es in einen dichten Behälter und werfen Sie diesen in den Müll.

Schwedische Falafel

6 Portionen

500 g eingeweichte gelbe Erbsen

3 Zwiebeln

1 Bund Dill

1 Bund Petersilie

1 Frühlingszwiebel

100 g Bärlauch

1 EL Salz

100 ml Wasser

1 TL Natron

Öl zum Frittieren

Als ich zum ersten Mal Falafel gemacht habe, war ich in Paris. Nachdem mir der Duft in der Rue des Rosiers in die Nase gestiegen war, beschloss ich, selbst Falafel zu machen. Wir wohnten damals in einer kleinen Wohnung und das einzige Küchenutensil, das mich entfernt an einen Fleischwolf erinnerte, war eine Knoblauchpresse: Durch die habe ich dann immer ein paar Kichererbsen gleichzeitig gepresst, danach den Knoblauch und zum Schluss die Zwiebeln. Koriander und Petersilie habe ich fein gehackt und schließlich alles zu einem Teig vermischt. Ich kann mich nicht erinnern, ob das Ganze gut geschmeckt hat. Aber ich weiß noch, dass ich ein Kilo Kichererbsen durch eine Knoblauchpresse gepresst habe.

Das zweite Mal habe ich Falafel bei einem Festival gemacht. Ein guter Freund war auf die grandiose Idee gekommen, wir sollten auf dem Peace-&-Love-Festival in Borlänge Falafel verkaufen. Damals war es das größte Festival Schwedens und wir hatten damit gerechnet, 5000 Portionen zu verkaufen. Mein Bruder, mein Freund und ich haben sogar unsere kleinen Brüder verdonnert mitzuhelfen. Es war viel mehr Arbeit, als wir gedacht hatten, und wir hatten überschätzt, wie viele Falafel wir verkaufen würden, sodass das Ganze beinahe in einer finanziellen Katastrophe endete. Aber seitdem bin ich geübt im Umgang mit Kichererbsen. Für dieses Buch habe ich versucht, Falafel auch mal mit anderen Zutaten zuzubereiten: gelbe Erbsen anstelle von Kichererbsen und Bärlauch statt Koriander. Das hat wunderbar geklappt!

SO WIRD'S GEMACHT:

Auf dieselbe Weise zubereiten wie gewöhnliche Falafel (siehe vorige Doppelseite).

Marokkanischer Karottensalat

4 Portionen

1 kg Karotten

3 Knoblauchzehen

1 Bund Koriander

1 EL frisch gepresster Zitronensaft

2 TL gemahlener Kreuzkümmel

1 TL Salz

1 EL Harissa

2 EL Olivenöl

Diesen Salat gibt es in vielen verschiedenen Varianten. Man kann die Karotten auch kochen, anstatt sie im Ofen zu schmoren, aber ich finde es besser, die Karotten bei starker Hitze zu rösten, sodass sie ein bisschen braun werden. Ein einfacher Trick, damit die Karotten nicht zu weich werden, ist, sie gleich aus dem Ofen in kaltem Wasser oder Eis abzukühlen. Dann stoppt der Garungsprozess.

SO WIRD'S GEMACHT:

Den Ofen auf 220 °C vorheizen.

Die Karotten waschen. Den Knoblauch schälen. Koriander und Knoblauch fein hacken und in eine Schüssel geben. Zitronensaft, Gewürze und Harissa zufügen. Falls Sie gern scharf essen, etwas mehr Harissa nehmen.

Die ungeschälten Karotten auf ein Backblech legen, mit etwas Olivenöl beträufeln und ca. 15 Minuten im Ofen rösten. Die Karotten sollten Farbe bekommen und außen dunkel werden. Dann aus dem Ofen nehmen und abkühlen lassen.

Die Karotten in Scheiben schneiden und in die Schüssel mit der Gewürzsoße geben. Mit den Händen gut vermischen, sodass die Karotten ganz mit der Soße überzogen sind.

Okra mit Vermicelli-Reis

Die Okra ist eine Hülsenfrucht, deren Inneres voller Samen ist, die beim Kochen geleeartig werden. Frische Okraschoten sind manchmal schwer zu bekommen, aber gefroren gibt es sie fast immer in gut sortierten orientalischen Lebensmittelläden. In diesem Rezept wird der Knoblauch zum Schluss zugefügt.

Dieses Gericht hat meine Großmutter immer für uns gekocht. Sie hat den Knoblauch separat in ziemlich viel Olivenöl gebraten, das sie dann über den Okra-Eintopf gegossen hat. In Palästina nimmt man gern Baby-Okra, die noch nicht ganz ausgewachsen sind. In anderen Ländern verwendet man lieber die großen Schoten. Sie sollten einfach das kaufen, was Sie bekommen.

4 Portionen

EINTOPF

Olivenöl zum Braten

400 g frische oder gefrorene Okraschoten

500 g passierte Tomaten

4 EL Tomatenmark

200 ml Wasser

2 TL Baharat, siehe Rezept S. 47

Salz

frisch gemahlener schwarzer Pfeffer

5 Knoblauchzehen

VERMICELLI-REIS

40 g Vermicelli

Olivenöl oder Butter zum Braten

240 g Basmatireis

1 TL Salz

Wasser

SO WIRD'S GEMACHT:

Öl in eine Pfanne geben und die Okraschoten darin 1–2 Minuten vorbraten.

Passierte Tomaten, Tomatenmark und Wasser zufügen. Die Gewürze untermischen, mit Salz und Pfeffer abschmecken und alles kochen lassen, bis die Okraschoten weich sind, das dauert ca. 30 Minuten.

Den Knoblauch schälen und hacken und in reichlich Öl in einer separaten Pfanne braten. Anschließend das Ganze in den Eintopf gießen.

Die Vermicelli in einem Topf mit etwas Öl (und Butter, wenn Sie wollen) braten. Den Reis zufügen, dann ständig rühren, damit nichts anbrennt. Salz und so viel kaltes Wasser zugießen, dass alles bedeckt ist. Wasser aufkochen lassen, dann die Hitze reduzieren, einen Deckel auflegen und alles ca. 10 Minuten köcheln lassen.

Den Topf vom Herd nehmen und den Reis weitere 10 Minuten im Topf ruhen lassen. Dann mit einer Gabel auflockern und zusammen mit dem Eintopf servieren.

Vermicelli sind kurze, dünne Nudeln, die im Nahen Osten oft mit Reis gemischt serviert werden. Es gibt sie in gut sortierten Lebensmittelläden.

Freekeh mit Pilzen

4 Portionen

1 Zwiebel

4 Knoblauchzehen

Olivenöl zum Braten

250 g Pilze

400 g Freekeh

300 ml Bier (Helles Lager)

100 g geriebener Parmesan

1 EL Zatar, siehe Rezept S. 49

1 TL Salz

frisch gemahlener schwarzer Pfeffer

Freekeh ist Hartweizen und wird schon seit mehreren Tausend Jahren in der Region des sogenannten Fruchtbaren Halbmonds angebaut (ein Gebiet, das sich von Ägypten bis zum Irak erstreckt). Um Freekeh herzustellen, pflückt man den Weizen grün und räuchert ihn, damit er schnell trocknet. Dann reibt man die Schale ab, was auf Arabisch *farek* heißt – daher kommt der Name Freekeh, was so viel wie »abgeriebener Weizen« bedeutet. Der Geschmack ist etwas rauchig. Wie alle alten Getreidesorten ist Freekeh sehr gesund und hat einen hohen Proteingehalt.

SO WIRD'S GEMACHT:

Zwiebel und Knoblauch schälen und hacken. In einer Pfanne mit Öl bei mittlerer Hitze weich braten. Die Pilze klein schneiden und ebenfalls in die Pfanne geben und braten.

Den Freekeh waschen, abtropfen lassen, in die Pfanne geben und verrühren. Das Bier angießen und alles köcheln lassen, bis die Flüssigkeit verschwunden ist.

Wenn die Flüssigkeit fast verkocht ist, den Parmesan untermischen.

Mit Zatar würzen und mit Salz und Pfeffer abschmecken.

Tipp! Freekeh kann für vieles verwendet werden. Es ist schnell gekocht (ca. 20 Minuten) und als Alternative zu Reis, Couscous oder Bulgur verwendbar. Wenn Sie keinen Freekeh finden, können Sie stattdessen auch Kochweizen nehmen.

Grüne Bohnen in Tomatensoße

Ursprünglich stammt Fasolia, grüne Bohnen in Tomatensoße, vermutlich aus Griechenland. Es ist ein völlig vegetarisches Rezept. Die Basis ist Tomatensoße und es ist immer auch irgendeine Form von Bohnen enthalten. In Palästina verwendet man frische Brechbohnen oder grüne Bohnen. Auch wenn nicht besonders viele Zutaten darin vorkommen, schmeckt das Ganze sehr lecker. So lecker, dass mein Bruder es als sein Lieblingsgericht bezeichnet. Er peppt es meistens noch mit etwas Weißwein auf, einfach deshalb, weil mit Weißwein alles leckerer wird.

4 Portionen

1 Zwiebel
Olivenöl zum Braten
50 ml Weißwein
6 Tomaten
2 EL Tomatenmark
100 ml Wasser
ein paar Lorbeerblätter
3 Knoblauchzehen
500 g grüne Bohnen

SO WIRD'S GEMACHT:

Die Zwiebel schälen und hacken und in einer Pfanne mit Öl glasig braten. Den Wein angießen. Die Tomaten in Spalten schneiden und in die Pfanne geben. Tomatenmark und Wasser zufügen. Zusammen mit einigen Lorbeerblättern aufkochen und 15 Minuten köcheln lassen.

Den Knoblauch schälen, hacken und in einer separaten Pfanne mit Öl braten. Über die Tomatensoße gießen. Gegen Ende die grünen Bohnen zufügen, sodass sie ihre Textur und ihre schöne Farbe behalten. Mit Vermicelli-Reis (siehe Seite 99) servieren.

Fattoush

4 Portionen

SALAT

1 Bund Radieschen

1 Schalotte

1 Frühlingszwiebel

4 Tomaten

10 Minigurken oder
1 normale große Gurke

1 Bund Minze

1 Bund Petersilie

Römersalat (die großen Blätter weglassen)

180 g Halloumi

Granatapfelsirup

CROÛTONS

Pitabrot, siehe Rezept S. 52

Olivenöl

Zatar, siehe Rezept S. 49

DRESSING

2 Knoblauchzehen

2 EL Olivenöl

Saft von 1 Zitrone

1 TL Sumak

¼ TL Salz

Dieser Salat stammt angeblich aus Nordgaliläa und dem Gebiet um den Libanon. Man wollte wohl altes Pitabrot aufbrauchen und in diesem Gericht werden daraus Croûtons. Die Zutaten können variieren, doch das Wichtigste ist der säuerliche Geschmack. Fattoush enthält Zitrone, Sumak und am besten auch Portulak, ein wild wachsendes Kraut. Minigurken sind trockener als normale Gurken und haben einen etwas anderen Geschmack.

SO WIRD'S GEMACHT:

Den Ofen auf 180 °C vorheizen.

Für die Croûtons das Pitabrot in 2–3 cm große Stücke schneiden und auf ein Backblech legen. Mit Olivenöl beträufeln und im Ofen rösten, bis das Brot etwas Farbe bekommt, das dauert höchstens 10 Minuten. Das Blech herausnehmen, die Croûtons mit Zatar würzen und beiseitestellen.

Eine große Schüssel für den Salat bereitstellen. Die Radieschen in Streifen schneiden, die Schalotte schälen und in dünne Scheiben schneiden. Die Frühlingszwiebel fein hacken. Tomaten und Gurken würfeln. Minze und Petersilie fein hacken und den Römersalat in 1 cm dicke Streifen schneiden. Alles in die Schüssel geben.

Den Knoblauch für das Dressing schälen und pressen und mit Öl, Zitronensaft, Sumak und Salz verrühren. Das Dressing über den Salat gießen und vermischen.

Den Halloumi in Stücke schneiden und in einer Pfanne braten, sodass er Farbe bekommt.

Den Salat mit gebratenem Halloumi und Pita-Croûtons bestreuen und mit etwas Granatapfelsirup beträufeln.

HUMMUS

Das vielleicht bekannteste Gericht des Nahen Ostens. Hummus wird in der ganzen Levante (Syrien, Libanon, Palästina, Israel und Jordanien) gegessen und hat sich über weite Teile der Welt verbreitet. Heute erwirtschaftet die Produktion von Hummus weltweit mehrere Milliarden Dollar Gewinn.

Hummus bedeutet auf Arabisch eigentlich Kichererbsen, ist aber auch der Name des Gerichts, das aus gekochten Kichererbsen und Tahini gemacht wird. Für einen guten Hummus sind mehrere Voraussetzungen wichtig. Einerseits müssen die Kichererbsen perfekt gekocht werden (sie sollen weich sein, aber nicht zerfallen), andererseits muss ein richtig gutes Tahini verwendet werden. Eine einfache Regel für die Auswahl: die teuerste Sorte mit arabischem Text kaufen. Die Farbe sollte hell und die Konsistenz weich sein. Es gibt Varianten, die sich Tahini nennen, aber eigentlich nur zerstoßene Sesamsamen sind. Wenn Sie so etwas verwenden, werden Sie kein weiches, cremiges Hummus bekommen.

Durch die Verwendung von Natron reduziert sich die Kochzeit. Wollen Sie kein Natron einsetzen, müssen Sie über 1 Stunde mehr Kochzeit einrechnen. Abhängig von der Sorte Kichererbsen, die Sie verwenden, variiert die Kochzeit. Bio-Varianten haben eine dünnere Schale und etwas süßeren Geschmack.

Hummus wird sowohl als Beilage als auch als komplettes Gericht gegessen, zum Beispiel mit gebratenem Hackfleisch, Shawarma (siehe Seite 141) oder Pilzen.

Hummus

4 Portionen

HUMMUS

200 g getrocknete Kichererbsen

1 TL Natron

5 Knoblauchzehen

200 g Tahini

Saft von 1 Zitrone

Salz

100 ml Raps- oder Olivenöl

ZUM SERVIEREN

Tomate

rohe Zwiebelscheiben

Pitabrot, siehe Rezept S. 52

Minztee

SO WIRD'S GEMACHT:

Die Kichererbsen mindestens 8 Stunden oder über Nacht in einer Schüssel mit Wasser einweichen.

Anschließend in einem Sieb abtropfen lassen und in einen großen Topf geben. Mit ausreichend Wasser auffüllen, Natron zufügen und Wasser aufkochen lassen. Dann die Temperatur etwas senken, sodass das Ganze nurmehr leicht köchelt.

Den weißen, festen Schaum, der sich während des Kochens bildet, nach und nach mit einem Löffel entfernen. Wenn sich Schalen der Kichererbsen lösen und an die Oberfläche steigen, auch diese mit einem Schaumlöffel herausheben. Nach ca. 1–1 ½ Stunden probieren, ob die Kichererbsen fertig sind. Sie sollten ganz weich sein und ungefähr die Konsistenz von gekochten Kartoffeln haben. Das meiste Wasser abgießen, aber etwa 100 ml zum Pürieren aufbewahren. Evtl. auch ein paar ganze Kichererbsen zum Garnieren beiseitelegen.

Die restlichen Kichererbsen in eine Küchenmaschine füllen und ein paar Minuten mixen. Ca. 100 ml Kochwasser zufügen. Am besten die Kichererbsen noch warm pürieren, dann wird das Püree schneller sämig. Püree auf ca. 37 °C abkühlen lassen.

Die Knoblauchzehen schälen und zufügen, die Küchenmaschine ein paar Minuten laufen lassen, sodass das Mus ganz glatt wird. Tahini dazugeben und mixen. Zitronensaft zufügen und noch ein bisschen weiter mixen. Dadurch wird der Hummus noch etwas luftiger. Mit Salz abschmecken.

Den Hummus zum Servieren auf einen Teller löffeln. In einer Kreisbewegung über den ganzen Teller ausstreichen. Öl daraufgießen, evtl. mit Kichererbsen bestreuen und etwas Zitronensaft darüberträufeln.

Mit Tomate, rohen Zwiebelscheiben und Pitabrot essen. Und eine Tasse Minztee dazu genießen.

Msabaha

Msabaha ist so ähnlich wie Hummus, aber auch wieder anders. Die Kichererbsen werden nicht püriert, sondern nur mit den übrigen Zutaten vermischt.

4 Portionen

375 g gekochte Kichererbsen (geht auch aus der Dose)

1 Bund Petersilie

1 Bund Minze

100 ml Tahini

100 ml frisch gepresster Zitronensaft

100 ml kaltes Wasser

4 Knoblauchzehen

1 TL Salz

Olivenöl zum Servieren

Pitabrot, siehe Rezept S. 52

SO WIRD'S GEMACHT:

Die Kichererbsen nach dem Rezept für Hummus kochen (siehe vorige Seite), aber nicht pürieren, sondern im Ganzen beiseitestellen.

Petersilie und Minze fein hacken.

Tahini, Zitronensaft und kaltes Wasser in einer Schüssel verrühren. Den Knoblauch hineinpressen, das Salz zufügen und gut vermischen.

Die Kichererbsen dazugeben und kräftig untermischen. Es dürfen ruhig noch ein paar Kichererbsen ganz bleiben, sodass die Konsistenz ungleichmäßig wird.

Petersilie und Minze zufügen.

Msabaha auf einem Teller servieren, mit reichlich Olivenöl beträufeln und mit Pitabrot essen.

Foul

4 Portionen

FOUL

1 Zwiebel

Olivenöl zum Braten

ca. 600 ml Wasser

1 TL Salz

1 TL gemahlener Kreuzkümmel

1 TL getrockneter Koriander

2 Dosen Saubohnen à 400 g

ZUM SERVIEREN

1 Bund Petersilie

4 gekochte Eier

eingelegte Speiserübe, siehe Rezept S. 133

Tahinisoße, siehe Rezept S. 74

Olivenöl

Zitronenspalten

Pitabrot, siehe Rezept S. 52

Foul steht etwas im Schatten von Hummus, aber eigentlich isst man im Nahen Osten deutlich mehr Foul. Manche Arbeitgeber verbieten ihren Angestellten sogar, Foul zu Mittag zu sich zu nehmen, weil man leicht in das sogenannte Foul-Koma verfällt, wenn man zu viel davon isst. Foul besteht aus Saubohnen, die sich wie Kichererbsen gut lagern lassen. Sie werden auf unterschiedliche Arten gegessen: püriert wie Hummus, mit Kichererbsen gemischt oder auch als Suppe. Wichtige Zutaten sind rohe Zwiebeln, Zitrone und Olivenöl. Luxuriösere Varianten enthalten frische Minze oder Koriander, Tahinisoße oder Joghurt.

Die Variante, die wir in der »Falafelbaren« machen, ist von syrischen Einflüssen inspiriert, wo man Saubohnen oft mit viel Brühe isst. Für die Zubereitung von Foul kann man verschiedene Flüssigkeiten verwenden. Warum nicht einmal das Wasser vom Hummuskochen aufbewahren?

SO WIRD'S GEMACHT:

Die Zwiebel schälen und in Scheiben schneiden. Die Hälfte der Zwiebel in einem Topf in Öl anbraten. Wasser zugießen, salzen und aufkochen lassen. Mit Kreuzkümmel und getrocknetem Koriander würzen.

Die Bohnen abspülen und in den Topf geben. Bei niedriger Hitze 10 Minuten kochen lassen. Die Petersilienblätter abzupfen und die Beilagen vorbereiten.

Das Foul in eine tiefe Schüssel umfüllen. Mit Petersilie und rohen Zwiebeln bestreuen und gekochte Eier und Speiserüben dazugeben. Mit Tahinisoße und Olivenöl beträufeln und reichlich Zitronensaft darüber pressen. Mit Pitabrot essen.

Taboulé

Erst als mein Freund Jann Taboulé für mich gemacht hat, habe ich begriffen, wie sehr ein Mensch ein Gericht lieben kann. Jann isst so gut wie jeden Tag diesen Salat. Auf seiner Jagd nach frischer Petersilie muss er manchmal in mehrere Läden gehen. Zu Hause angekommen wäscht und zupft er das Kraut und macht kleine Sträußchen daraus, die er in kleine, mit etwas Luft gefüllte Plastikbeutel legt, sodass sie wie Ballons aussehen. So hält sich die Petersilie länger und er muss vielleicht nicht jeden Tag auf Petersilienjagd gehen.

4 Portionen

80 g Bulgur

ca. 200 ml Wasser

300 g glatte Petersilie

50 g Minze

ca. 5 Tomaten

1 große Gurke oder die entsprechende Menge Minigurken

1 Zwiebel oder die entsprechende Menge Schalotten

1 Frühlingszwiebel

1 grüne Chilischote

Saft + Abrieb von 1 Zitrone

Salz

Olivenöl

einige Blätter Römersalat

SO WIRD'S GEMACHT:

Den Bulgur in einem Sieb gut abspülen und in eine tiefe Schüssel geben. Das Wasser in einem Topf aufkochen und über den Bulgur gießen. Abgedeckt stehen lassen, bis die Flüssigkeit aufgesogen ist.

Petersilie und Minze gründlich abspülen und trocken tupfen. Die Kräuter sollten beim Hacken nicht feucht sein. Die Blätter abzupfen und die dicken Stängel wegwerfen.

Die Petersilienblätter in geeignet großen Sträußchen sammeln und zu einem Ball bündeln. Den Ball mit einem Messer dünn schneiden, aber nicht zu oft, sonst wird die Petersilie zerquetscht, und das verschlechtert den Geschmack. Sie sollte jedoch wirklich fein geschnitten sein. Mit der Minze genauso vorgehen. Petersilie und Minze in eine große Schüssel geben.

Die Tomaten in kleine Würfel schneiden. Am einfachsten ist es, die Tomaten zuerst in 5 mm dicke Scheiben zu schneiden und sie dann zu würfeln. Genauso mit der Gurke verfahren.

Die Zwiebel schälen und fein hacken. Frühlingszwiebel und Chilischote ebenfalls fein hacken. Tomate, Gurke, Zwiebel, Frühlingszwiebel und Chili in die große Schüssel geben.

Den Bulgur probieren. Es macht nichts, wenn er noch ein bisschen Biss hat. Überschüssige Flüssigkeit abgießen und den Bulgur in die Salatschüssel schütten. Mit den anderen Zutaten vermischen und mit Zitronensaft, Zitronenabrieb und Salz abschmecken. Mit Öl beträufeln. Taboulé zum Servieren in Römersalatblätter füllen und wie Tacos essen.

Linsen mit Joghurtsalat

4 Portionen

LINSEN

180 g grüne Linsen oder Belugalinsen

1 Lorbeerblatt

¼ TL Baharat, siehe Rezept S. 47

4 Zwiebeln

Öl zum Braten

340 g schwarzer Reis

4 Kardamomkapseln

Salz und frisch gemahlener schwarzer Pfeffer

JOGHURTSALAT

400 g Joghurt

1 Gurke

1 Knoblauchzehe

Salz

Wenn man dieses Linsengericht, Mjudarrah, macht, müssen alle Bestandteile für sich zubereitet werden. Beginnen Sie mit dem Joghurtsalat.

SO WIRD'S GEMACHT:

Den Joghurt in einem Kaffeefilter mindestens 2 Stunden abtropfen lassen.

Die Gurke reiben und in einem Sieb ca. 20 Minuten abtropfen lassen. Mit dem abgetropften Joghurt vermischen und den Knoblauch hineinpressen. Mit Salz abschmecken.

Die Linsen mit dem Lorbeerblatt und Baharat in einem Topf mit ausreichend Salzwasser aufkochen. Dann köcheln lassen, bis sie weich sind, durch ein Sieb abgießen und beiseitestellen. Die Kochzeit kann variieren, je nachdem, welche Linsen Sie nehmen. Beachten Sie die Packungsangaben.

2 Zwiebeln schälen, in Scheiben schneiden und in einer Pfanne mit Öl weich braten. Den Reis und so viel Wasser wie auf der Packung angegeben zufügen. Den Reis mit den Zwiebeln und den Kardamomkapseln köcheln lassen.

Die restlichen Zwiebeln schälen, in Scheiben schneiden und bei starker Hitze in einer zweiten großen Pfanne mit Öl braten, bis sie braun werden, das dauert ca. 5 Minuten. Auf Küchenpapier abtropfen lassen.

Etwas Öl in der Pfanne erhitzen und den Reis darin braten. Anschließend die Linsen zufügen und umrühren. Mit karamellisierten Zwiebeln bestreuen und mit Salz und Pfeffer abschmecken. Mit dem kalten Joghurtsalat servieren.

Shakshuka

Dieses fantastische Gericht stammt ursprünglich aus Nordafrika und ist ein Tomaten-Chili-Eintopf mit pochierten Eiern. Perfekt für ein spätes Frühstück am Wochenende, dazu passen warmes Pitabrot und Hummus.

Ich beginne immer damit, die Zwiebel bei niedriger Hitze richtig lange zu braten. Dadurch wird sie schön süß und das lockt auch die Süße der Tomaten hervor. Verwendet man eine Pfanne oder einen Topf mit Deckel, erhält man das beste Resultat.

4 Portionen

SHAKSHUKA

1 Zwiebel

Olivenöl zum Braten

3 Knoblauchzehen

5 Tomaten

2 Chilischoten

1 EL gemahlener Kreuzkümmel

1 TL getrockneter Koriander

1 TL frisch gemahlener schwarzer Pfeffer

1 TL Salz

1 EL Harissa (oder mehr, wenn Sie gern scharf essen)

Tomatenmark

200 ml Bier (Helles Lager) oder 200 ml Wasser

1 Bund Koriander

4 Eier

ZUM SERVIEREN

Pitabrot, siehe Rezept S. 52

Hummus, siehe Rezept S. 108

SO WIRD'S GEMACHT:

Die Zwiebel schälen und würfeln und in einem Topf mit Olivenöl bei niedriger Hitze 15 Minuten braten, am besten mit Deckel. Ab und zu umrühren.

Den Knoblauch schälen, reiben oder hacken und hinzufügen. Weitere 5 Minuten braten.

Die Tomaten grob würfeln und die Chilischoten hacken. Beides in die Zwiebelmischung geben. Gewürze, Harissa und etwas Tomatenmark unterrühren. Das Bier angießen (man kann auch Wasser nehmen, aber mit Bier wird es besser), aufkochen und dann alles bei schwacher Hitze ca. 15 Minuten köcheln lassen. Abschmecken und nötigenfalls mit Salz und Pfeffer nachwürzen.

Den Koriander hacken und untermischen. Etwas zum Garnieren aufheben.

Wenn der Eintopf fertig ist, die Eier vorsichtig aufschlagen und in den Eintopf gleiten lassen, dabei darf das Eigelb nicht kaputt gehen. Das Shakshuka sollte so dick sein, dass man kleine Gruben machen kann, in die man die Eier aufschlägt. Deckel auflegen und alles ein paar Minuten köcheln lassen, bis die Eier gar sind.

Mit warmem Pitabrot und einem Teller Hummus servieren.

Das, was die Finger verbrennt

Dieses Gericht wird sich aufgrund seines komplizierten Namens wohl nicht international verbreiten. Allerdings finde ich den Namen *Il hara asbau,* also das, was die Finger verbrennt, ziemlich witzig. Der Grund dafür: Das Gericht ist so gut, dass man nicht widerstehen kann, auch wenn es noch zu heiß ist. Ursprünglich stammt dieses Essen aus Syrien und sollten Sie einmal bei einer syrischen Familie zum Abendessen eingeladen sein und dieses Gericht vorgesetzt bekommen, dann wissen Sie, dass Sie ein sehr beliebter Gast sind. Denn es wird nur für diejenigen zubereitet, die man wirklich mag. Traditionell macht man dafür selbst frische Eierpasta, aber ich habe sie durch Kartoffel-Gnocchi ersetzt. Man kann das Ganze auch kalt essen.

4 Portionen

libanesisches Pitabrot
Olivenöl zum Beträufeln und Braten
Salz
2 Zwiebeln
270 g Belugalinsen
2 TL gemahlener Kreuzkümmel
50 ml Granatapfelsirup
150 g frischer Spinat
5 Knoblauchzehen
1 Bund Koriander
Kartoffel-Gnocchi für 4 Portionen (oder frische Pasta nach Wahl)

SO WIRD'S GEMACHT:

Backofen auf 180 °C vorheizen.
Das Pitabrot in ca. 2 cm große Stücke schneiden. Mit Öl und Salz beträufeln und im Ofen rösten, bis sie ungefähr die Konsistenz von Knäckebrot haben.

Die Zwiebeln schälen und in Scheiben schneiden. Mindestens 5 Minuten in einer Pfanne mit Öl braten, bis sie braun sind, dann beiseitestellen.

Die Linsen in einem Sieb abspülen, in einen großen Topf füllen und Wasser daraufgießen, sodass es etwa 2 cm über den Linsen steht. Wasser aufkochen lassen. Eventuell auftretenden Schaum von der Oberfläche abschöpfen. Die Hitze reduzieren und die Linsen ca. 10 Minuten köcheln lassen. Dann Kreuzkümmel, etwas Salz und die Hälfte der karamellisierten Zwiebeln zufügen. Granatapfelsirup dazugeben, umrühren und weiterköcheln lassen. Mit Salz und Kreuzkümmel abschmecken. Den Spinat waschen und beiseitestellen.

Den Knoblauch schälen, fein hacken und mit dem Messer noch etwas zerdrücken. Den Koriander fein hacken. Eine kleine Pfanne mit Olivenöl erhitzen und den Knoblauch und den Koriander darin bei starker Hitze anbraten. Kurz bevor der Knoblauch Farbe annimmt, die Hälfte davon in den Linseneintopf geben. Gnocchi und ungefähr die Hälfte des Spinats zufügen. Vorsichtig umrühren und noch einmal abschmecken. Wenn die Gnocchi fertig sind, ist der Eintopf fertig.

Die restlichen karamellisierten Zwiebeln, Knoblauch, Spinat und das geröstete Brot darübergeben.

Sabich

Dieses Gericht hat seinen Ursprung bei den irakischen Juden. Es ist ein Eiersandwich, das traditionell vor dem Sabbat zubereitet wurde. Daher waren alle Zutaten kalt und die Eier richtig hart gekocht. Sie können die Eier aber auch braten, wenn Sie wollen, doch das widerspricht eigentlich der Tradition.

4 Portionen

SABICH

4 Eier

1 Aubergine

Salz

1 Blumenkohl

Olivenöl zum Braten

ZUM SERVIEREN

Pitabrot, siehe Rezept S. 52

Hummus, siehe Rezept S. 108

Tahinisoße, siehe Rezept S. 74

Amba, siehe Rezept S. 76

evtl. Skhug, siehe Rezept S. 76

Jerusalem-Salat, siehe Rezept S. 124

SO WIRD'S GEMACHT:

Die Eier nach Geschmack kochen, in kaltem Wasser abschrecken, schälen und in Scheiben schneiden.

Die Aubergine in Scheiben schneiden und salzen. 10–15 Minuten stehen lassen, bis sie Flüssigkeit abgibt. Dann abspülen und mit Küchenpapier trocken tupfen.

Den Blumenkohl in kleine Röschen brechen.

Eine Pfanne mit ziemlich viel Öl erhitzen. Die Auberginenscheiben darin auf beiden Seiten braten, bis sie eine schöne Farbe haben. Beiseitestellen. Dasselbe mit dem Blumenkohl machen und diesen ebenfalls beiseitestellen.

Ein Pitabrot nehmen und mit Ei, Auberginenscheiben, Blumenkohl, Hummus, Tahinisoße und Amba füllen. Mit etwas Skhug beträufeln, wenn Sie es scharf mögen, und mit Jerusalem-Salat servieren.

Jerusalem-Salat

4 Portionen

6 Tomaten

1 Gurke

1 Zwiebel

1 Bund Petersilie

1 Bund Minze

1 Knoblauchzehe

2 EL frisch gepresster Zitronensaft

1 EL Olivenöl

Salz

frisch gemahlener schwarzer Pfeffer

Diesen Salat gibt es im Mittelmeerraum in unterschiedlichen Varianten. Die Türken sagen dazu *Salata Çoban*, was Bauernsalat heißt. Die Araber nennen ihn arabischen Salat, die Israelis israelischen Salat. Er besteht im Grunde aus Tomate, Gurke, Zwiebel, etwas Knoblauch, Zitrone, Minze und Petersilie. Um die Friedensarbeit im Nahen Osten zu erleichtern, nennen wir ihn Jerusalem-Salat. Er passt eigentlich zu allem.

SO WIRD'S GEMACHT:

Tomaten und Gurke würfeln. Die Zwiebel schälen und hacken. Petersilie und Minze fein hacken. Alles in einer Schüssel vermischen.

Die Knoblauchzehe schälen, klein schneiden und mit Zitronensaft und Öl zu einem Dressing mixen. Über den Salat gießen und alles gut vermischen. Mit Salz und Pfeffer abschmecken.

Bulgur mit Tomate

Smeedeh wa bandora, Bulgur mit Tomate. In vielerlei Hinsicht symbolisiert dieses Gericht das einfache Leben. Als mein Vater klein war, hat seine Familie es mehrmals in der Woche gegessen. Man braucht auch eigentlich nicht viel mehr als etwas Bulgur mit Tomate, um glücklich zu sein.

Bulgur wird im Nahen Osten seit mehreren Tausend Jahren gegessen. Bulgur, oder *burghul*, wie es auf Arabisch heißt, ist zerstoßener Weizen, der gedämpft und dann getrocknet wurde. Man kann ihn lange aufbewahren und schnell zubereiten.

4 Portionen

500 g Bulgur

1 Zwiebel

Olivenöl zum Braten

6 ganze Tomaten

1 EL Tomatenmark

1 TL Baharat, siehe Rezept S. 47

1 kleine Flasche Bier (Helles Lager, 33 cl)

Salz

frisch gemahlener schwarzer Pfeffer

einige Stängel Petersilie

SO WIRD'S GEMACHT:

Den Bulgur in einem Sieb abspülen und beiseitestellen. Die Zwiebel schälen, hacken und in einer Pfanne mit Öl weich braten.

Die Tomaten in grobe Stücke hacken und zur Zwiebel geben. Deckel auflegen und Gemüse garen, bis die Tomaten zusammenfallen. Tomatenmark und Baharat zufügen und untermischen.

Den Bulgur zusammen mit dem Bier dazugeben und verrühren. Den Tomateneintopf ca. 10 Minuten köcheln lassen. Wenn nötig noch etwas Wasser zufügen. Mit Salz und Pfeffer abschmecken und mit gehackter Petersilie bestreuen.

Auberginen mit Koriandersalat

4 Portionen als Vorspeise oder Beilage

2 Auberginen

Salz

neutrales Speiseöl

½ Zwiebel

4 Tomaten

1 Chilischote

1 Bund Koriander

2 Knoblauchzehen

1 EL frisch gepresster Zitronensaft

frisch gemahlener schwarzer Pfeffer

Dieses Gericht habe ich erstmals zubereitet, weil meine Kollegen mir leidtaten, die über viele Jahre jeden Tag Falafel zu Mittag essen mussten. Wenn Sie es etwas gehaltvoller machen wollen, können Sie Feta darüberbröckeln.

SO WIRD'S GEMACHT:

Die Auberginen der Länge nach halbieren. Tiefe Furchen in das Fruchtfleisch einschneiden und salzen. Dann 30 Minuten stehen lassen. Das kann man auch gut am Vortag machen.

Den Ofen auf 220 °C vorheizen.

Die Auberginen abwaschen, trocken tupfen, auf ein eingeöltes Backblech legen und mit etwas Öl beträufeln. Dann im Ofen 20–30 Minuten backen. Die Auberginen vorsichtig vom Blech heben, sodass sie nicht kaputt gehen und auf einen großen Teller oder eine Platte legen.

Die Zwiebel schälen. Zwiebel, Tomaten, Chilischote und Koriander hacken und in eine Schüssel geben. Den Knoblauch schälen, dazupressen und mit dem Zitronensaft untermischen. Salat mit Salz und Pfeffer abschmecken und auf die Auberginen löffeln.

FRITTIERTE KARTOFFELN

4 Portionen

300 g große Kartoffeln

neutrales Speiseöl zum Frittieren

Salz

Frittierte Kartoffeln, Batatama'liye, sind in vielen Ländern beliebt, nicht zuletzt auch im Nahen Osten. Diese Kartoffeln werden nicht knusprig wie normale Pommes frites, sondern weicher und passen gut zu Gerichten mit viel Soße.

SO WIRD'S GEMACHT:

Die ungeschälten Kartoffeln in Stäbchen schneiden, in eine Schüssel mit kaltem Wasser legen und ca. 1 Stunde stehen lassen.

Die Kartoffelstäbchen mit einem Küchentuch trocken tupfen. Öl in einem großen Topf erhitzen und immer einige Stäbchen gleichzeitig hineinlegen. Die Kartoffeln frittieren, bis sie zu bräunen beginnen. Dann herausnehmen und auf Küchenpapier ruhen lassen, bis sie abgekühlt sind. Kurz vor dem Servieren noch einmal frittieren. Nach Geschmack salzen.

FRITTIERTE SÜSSKARTOFFELN

4 Portionen

300 g Süßkartoffeln

neutrales Speiseöl zum Frittieren

Salz

gemahlener Kreuzkümmel

Süßkartoffeln schäle ich lieber, weil sie eine ziemlich dicke Schale haben.

SO WIRD'S GEMACHT:

Die Süßkartoffeln schälen und in Stäbchen schneiden. In eine Schüssel mit kaltem Wasser legen und ca. 1 Stunde stehen lassen.

Die Kartoffelstäbchen mit einem Küchentuch trocken tupfen. Öl in einem großen Topf erhitzen und immer ein paar Stäbchen gleichzeitig hineinlegen. Frittieren, bis die Kartoffeln zu bräunen beginnen. Mit einem Schaumlöffel herausheben, auf Küchenpapier abkühlen lassen. Kurz vor dem Servieren noch einmal frittieren, in eine Schale geben und mit Salz und Kreuzkümmel würzen.

Es gab etwas, das mir beinahe das Genick gebrochen hätte, als wir die »Falafelbaren« eröffnet haben. Das war der Rotkohl. Laut dem Rezept meines Onkels soll man das Salz in den in Streifen geschnittenen Rotkohl einmassieren, bis dieser weich wird. Das war auch okay, solange wir ein Kilo am Tag machten. Als wir dann aber bei zwölf Kilo waren, waren meine Hände so müde, dass ich beinahe keine Lust mehr hatte, in die Arbeit zu gehen. Es dauerte fast ein Jahr, bis ich darauf kam, dass man stattdessen auch ganz einfach das Salz arbeiten lassen kann.

EINGELEGTE SPEISERÜBE

Die Speiserübe ist ein beliebtes Lebensmittel im Nahen Osten. Wenn Sie beim Einlegen eine Rote Bete dazugeben, wird alles herrlich rosa. Soll es schärfer werden, können Sie die Chilischote in Ringe schneiden oder eine weitere dazugeben.

1 Glas, ca. 2 Liter

1 kg Speiserüben
1 Rote Bete
6 Knoblauchzehen
3 Lorbeerblätter
1 Chilischote
Saft von ½ Zitrone
1 l Wasser
125 g Salz ohne Jod
100 ml Branntweinessig, 12 %

SO WIRD'S GEMACHT:

Rüben und Rote Bete waschen und schälen. Zusammen mit den geschälten Knoblauchzehen, den Lorbeerblättern, der Chilischote und dem Zitronensaft in ein dicht schließendes Einmachglas füllen.

Wasser und Salz in einem Topf aufkochen, bis das Salz sich ganz aufgelöst hat. Das kochende Wasser und den Essig über die Rüben gießen. Mindestens eine Woche im Kühlschrank stehen lassen. Dort hält sich das Ganze dann mehrere Monate lang.

IN ESSIG EINGELEGTER ROTKOHL

Eine Schnellvariante von Sauerkraut. Das Salz macht den Kohl weich und lässt ihn Flüssigkeit verlieren.

Ca. 1 Liter

1 Rotkohlkopf (ca. 2 kg)
ca. 60 g Salz
100 ml Branntweinessig, 12 %

SO WIRD'S GEMACHT:

Den Rotkohl waschen und mit einem Hobel in dünnen Streifen in eine Schüssel reiben. Das Salz in den Kohl einkneten und diesen ca. 20 Minuten ziehen lassen.

Das Wasser mit den Händen aus den Kohlstreifen pressen. Anschließend den Kohl in ein Sieb geben, mit Wasser abspülen und wieder in die Schüssel füllen. Probieren, damit er nicht zu salzig wird. Den Essig darübergießen und Kohl einige Zeit stehen lassen. Je länger er durchzieht, desto besser wird er.

Börek

»Börek ist aus Bosnien.« »Nein, aus der Türkei.« »Von wegen, aus Griechenland!« »Es heißt Burek, nicht Börek.« »Nein, es heißt Burekas.«

Ein für alle Mal: Es heißt Börek und Börek ist eine Art Quiche. Ursprünglich stammt es wohl aus der Türkei und ist im Prinzip eine Quiche, die aus einem dünnen Teig gemacht wird.

BÖREK MIT FETA UND SPINAT

4–6 Portionen

1 Zwiebel

150 g Feta

1 Tüte frischer Blattspinat oder 200 g gehackter TK-Spinat, aufgetaut und gut abgetropft

1 EL Sumak

1 Päckchen Filoteig

Olivenöl zum Braten und Bestreichen

Sesamsamen

SO WIRD'S GEMACHT:

Den Ofen auf 200 °C vorheizen.

Die Zwiebel schälen, hacken und bei niedriger Hitze in einer Pfanne mit reichlich Öl weich braten. Vom Herd nehmen und abkühlen lassen.

Den Feta zerbröckeln und in einer großen Schüssel mit dem Spinat vermischen. Am einfachsten geht das mit den Händen. Zwiebeln und Sumak zufügen und gut untermischen.

Den Filoteig aus der Packung holen. Immer nur mit einem Teigblatt arbeiten, wenn Sie mehr Füllung als Teig wollen, und mehrere Blätter nehmen, wenn Sie mehr Teig als Füllung wollen.

4–5 Esslöffel Füllung in die Mitte des Teigblatts setzen. Anschließend den Teig zu einer langen Wurst aufrollen. Ein Ende nach innen klappen und weiter zu einer Schnecke drehen.

Teigschnecken auf ein Backblech legen, mit Öl bestreichen und mit Sesam bestreuen. Im Ofen 20–30 Minuten goldbraun backen.

BÖREK MIT KARTOFFELN

4–6 Portionen

4 gekochte und geschälte Kartoffeln

1 Zwiebel

Olivenöl zum Braten und Bestreichen

1 EL Thymian (frisch oder getrocknet)

1 TL Liebstöckel

1 TL Salz

1 Päckchen Filoteig

Sesamsamen

SO WIRD'S GEMACHT:

Den Ofen auf 200 °C vorheizen.

Die Zwiebel schälen und hacken. Anschließend in einer Pfanne mit Öl weich braten. Die Kartoffeln in einer Schüssel mit der Zwiebel und den Gewürzen zerdrücken. Mit Salz abschmecken.

Den Filoteig aus der Packung holen. Immer nur mit einem Teigblatt arbeiten, wenn Sie mehr Füllung als Teig wollen, und mehrere Blätter nehmen, wenn Sie mehr Teig als Füllung wollen.

4–5 Esslöffel Füllung in die Mitte des Teigblatts setzen. Anschließend den Teig zu einer langen Wurst aufrollen. Ein Ende nach innen klappen und weiter zu einer Schnecke drehen.

Schnecken auf ein Backblech legen, mit Öl bestreichen und mit Sesam bestreuen. Im Ofen 20–30 Minuten goldbraun backen.

Fleisch
&
Fisch

Das Lieblingsgericht eines meiner Onkel ist Kuhmagen, aber er darf ihn nicht so oft machen, weil das Ganze sehr lange kochen muss und der Geruch aus der Küche seiner Frau nicht besonders zusagt.

Ich erinnere mich noch daran, dass ich einmal in den Sommerferien den Kühlschrank öffnete, um etwas zum Frühstück herauszuholen. Stattdessen starrte mich ein Kuhkopf an. Ich machte den Kühlschrank schnell wieder zu und versuchte, den Anblick zu vergessen.

Shawarma

Shawarma bedeutet auf Türkisch: »etwas, das sich dreht«. In diesem Rezept wird das Fleisch bei starker Hitze in einer Pfanne gebraten. Traditionell verwendet man Lamm (Nacken oder Brust), aber es geht genauso gut mit Rindfleisch (Brust oder Hochrippe) oder Hühnchen (Schenkelfilet). Nehmen Sie gerne etwas fettere Stücke und nicht unbedingt die zartesten, da das Fleisch sehr dünn geschnitten wird.

4 Portionen

SHAWARMA

1 kg Blumenkohl (ca. 1 kleiner Kopf)

Olivenöl zum Braten

2 Auberginen

Salz

600 g Lamm (Nacken oder Brust), Rind (Brust oder Hochrippe) oder Hühnchen (Schenkelfilet)

1 EL Shawarma-Gewürz (siehe unten)

SHAWARMA-GEWÜRZ

2 TL Bockshornklee

1 TL getrockneter Ingwer

1 TL frisch gemahlener schwarzer Pfeffer

1 TL gemahlener Kardamom

1 TL gemahlener Zimt

2 TL Paprikapulver

1 TL Knoblauchpulver

2 TL gemahlener Kreuzkümmel

1 TL getrockneter Koriander

ZUM SERVIEREN

libanesisches Pitabrot

Hummus, siehe Rezept S. 108

Amba, siehe Rezept S. 76

Jerusalem-Salat, siehe Rezept S. 124

SO WIRD'S GEMACHT:

Den Blumenkohl mit den Händen in kleine Röschen brechen. In einer Pfanne mit reichlich Öl ein paar Minuten braten, bis er Farbe angenommen hat.

Die Auberginen in Scheiben schneiden (ca. 1 cm dick), salzen und ein paar Minuten ruhen lassen, bis sie Flüssigkeit abgeben. Anschließend abspülen und mit Küchenpapier trocken tupfen, auf jeder Seite ein paar Minuten in reichlich Öl braten, bis sie braun werden und ganz weich sind. Auf Küchenpapier abtropfen lassen.

Alle Zutaten für die Gewürzmischung vermengen. Das Fleisch von Sehnen und Häuten befreien und in dünne Streifen schneiden. Mit 1 Esslöffel der Gewürzmischung würzen.

Das Fleisch in einer großen Pfanne bei starker Hitze ein paar Minuten braten. Es ist ziemlich schnell gar, weil alles in Streifen geschnitten ist.

Mit Pitabrot und den Auberginen servieren und Schüsseln mit Hummus, Amba und Salat mit auf den Tisch stellen.

Musakhan

4 Portionen

4 große Zwiebeln

Olivenöl zum Braten

6–7 EL Sumak + etwas zum Garnieren

1 TL gemahlener Kardamom

Salz und frisch gemahlener schwarzer Pfeffer

1 ganzes zerteiltes Hühnchen, ca. 1 kg, oder die entsprechende Menge Hühnerschenkel

Mana'ish-Brot (siehe Rezept S. 61), Taboonbrot oder Naanbrot aus einem indischen Laden

evtl. geröstete Pinienkerne

Tipp! Man kann es seinen Gästen leichtermachen, wenn man das Fleisch von den Knochen löst, aber es liegt auch ein gewisser Reiz darin, es selbst zu tun.

Als meine Mutter zum ersten Mal ihre neue Verwandtschaft besuchte, fragte meine Großmutter, ob sie am nächsten Tag Musakhan essen wolle. Meine Mutter wusste nicht genau, was das war, nur, dass Hühnchen darin vorkam, und sagte Ja. Am Morgen erwachte sie von Hühnergackern. Als sie aus dem Fenster schaute, sah sie etwa zehn Hühner herumlaufen. Ein Stück entfernt stand mein Großvater mit einem Messer und schlachtete die Hühner eines nach dem anderen, meine Großmutter saß daneben und rupfte sie.

SO WIRD'S GEMACHT:

Den Ofen auf 180 °C vorheizen.

Die Zwiebeln schälen und in 1 cm große Stücke schneiden. In einer großen Pfanne mit reichlich Öl bei mittlerer Hitze braten, bis die Zwiebeln braun werden. Ab und zu umrühren.

Die Zwiebeln aus der Pfanne nehmen – das Öl darin lassen – und in eine Schüssel füllen. Sumak, Kardamom, Salz und Pfeffer zufügen und mit den Zwiebeln vermischen.

Die Pfanne mit dem Öl auf mittlere Hitze erwärmen. Das Hühnchenfleisch darin braten, bis es keine Flüssigkeit mehr abgibt, das dauert ca. 15 Minuten.

Kurz bevor das Hühnchen fertig ist, die Zwiebeln zufügen. Anschließend die Pfanne vom Herd nehmen.

Das Brot auf ein Blech legen, die karamellisierten Zwiebeln darauf verteilen und ein Stück Hühnchen darauflegen.

Das Brot im Ofen ca. 10 Minuten backen. Herausnehmen und abkühlen lassen. Nach Geschmack mit gerösteten Pinienkernen und Sumak bestreuen.

Spinateintopf mit Reis und Pinienkernen

Spinat heißt auf Arabisch Sabanekh. Dieser Spinateintopf ist eines meiner Lieblingsgerichte, meine Großmutter hat ihn immer für mich gemacht.

4 Portionen

SPINATEINTOPF

2 Zwiebeln

7 Knoblauchzehen

1 ganzes zerteiltes Hühnchen, ca. 1 kg, oder die entsprechende Menge Hühnerschenkel

Olivenöl zum Braten

Wasser

1 TL Salz

200 g frischer Spinat

REIS MIT PINIENKERNEN

40 g Pinienkerne

80 g Basmatireis pro Person

1 EL Butter

SO WIRD'S GEMACHT:

Zwiebeln und Knoblauch schälen und hacken.

Beides zusammen mit dem Hühnchen in einer tiefen Pfanne oder einem Topf mit Deckel in Öl braten, bis das Hühnchen keine Flüssigkeit mehr abgibt, das dauert ca. 15 Minuten. Mit so viel Wasser aufgießen, dass das Hühnchen bedeckt ist. Wasser aufkochen, dann Hitze reduzieren und alles ca. 20 Minuten köcheln lassen, bis das Hühnchen gar ist. Zwischendurch den entstandenen Schaum mit einem Schaumlöffel entfernen. Mit Salz würzen.

Die Pinienkerne in einer trockenen Pfanne rösten, bis sie Farbe bekommen. Vom Herd nehmen.

Den Reis in einem Sieb gut abspülen und abtropfen lassen. Die Butter in einem Topf schmelzen, den Reis dazugeben und eine Weile braten. Die Pinienkerne zufügen. Vermischen und dann so viel Wasser zufügen wie auf der Reispackung angegeben. Wenn das Wasser zu kochen beginnt, die Hitze auf niedrigste Stufe reduzieren und den Deckel schließen. Dann 10 Minuten köcheln lassen.

Kontrollieren, ob das Hühnchen fertig ist, dann den Spinat zufügen und ca. 5–10 Minuten kochen, bis er zusammenfällt. Evtl. noch etwas Wasser zufügen. Eintopf mit Salz abschmecken und zusammen mit dem Reis servieren.

Rotes Hühnchen mit Kartoffeln

4 Portionen

2 große Zwiebeln

Saft von 1 Zitrone

3 EL Sumak

200 g Paprikamark

4 Hühnerschenkel, ca. 600 g

500 g festkochende Kartoffeln

Olivenöl

Salz und frisch gemahlener schwarzer Pfeffer

Meine Großmutter hat dieses Gericht oft für uns gekocht. Auf Arabisch heißt es *suneye*, was Blech bedeutet. Die Hühnerschenkel auf dem Blech kann man leicht für die ganze Familie zubereiten.

SO WIRD'S GEMACHT:

Den Ofen auf 180 °C vorheizen.

Die Zwiebeln schälen, fein hacken und in eine Schüssel geben. Die Zitrone darüber pressen und Sumak und Paprikamark dazugeben.

Die Hühnerschenkel mit der Masse einreiben und marinieren lassen. Währenddessen die Kartoffeln in 5 mm dicke Scheiben schneiden.

Ein Backblech mit Öl bestreichen und die Kartoffeln darauf verteilen. Salzen und pfeffern. Das Hühnchen auf die Kartoffeln legen und im Ofen ca. 45 Minuten backen. Dann kontrollieren, ob das Hühnchen fertig ist. Der Fleischsaft sollte klar und nicht rosafarben sein, wenn man ins Fleisch schneidet.

Molokhia mit Hühnchen

Ursprünglich wird dieses ägyptische Gericht mit Kaninchen zubereitet, aber in Palästina verwendet man häufig Hühnchen. Es ist nicht ganz einfach, Molokhia (Langkapselige Jute oder Muskraut) frisch zu bekommen, in gut sortierten orientalischen Lebensmittelläden gibt es aber meist Tiefkühlware. Der lateinische Name ist *Corchorus olitorius*, und gekocht wird Molokhia geleeartig. Der Geschmack erinnert an Spinat.

4 Portionen

EINTOPF

½ Zwiebel

Olivenöl zum Braten

1 ganzes zerteiltes Hühnchen, ca. 1 kg

1 l Wasser

1 TL Salz

7–10 Knoblauchzehen

250 g Molokhia, frisch oder gefroren und aufgetaut

ZUM SERVIEREN

Pitabrot, siehe Rezept S. 52

Zitronenspalten

Vermicelli-Reis, siehe Rezept S. 99

SO WIRD'S GEMACHT:

Die Zwiebel schälen und in 1 cm große Stücke hacken. Eine Pfanne mit Öl auf mittlerer Stufe erhitzen. Die Zwiebeln in der Pfanne anbraten und dann beiseitestellen. Das Hühnchenfleisch braten, bis es keine Flüssigkeit mehr abgibt, das dauert ca. 15 Minuten. In regelmäßigen Abständen wenden.

Wenn das Hühnchen keine Flüssigkeit mehr abgibt, die gebratenen Zwiebeln zufügen, Wasser und Salz darübergießen und alles 15 Minuten köcheln lassen.

Die Knoblauchzehen schälen und in einem Mörser zerstoßen oder mit einer Messerschneide zerdrücken. Den Knoblauch in einer Pfanne mit Öl anbraten und dann über das Hühnchen geben.

Anschließend Molokhia zufügen und 5 Minuten garen. Mit Salz abschmecken.

Mit Vermicelli-Reis, Pitabrot und Zitronenspalten servieren.

Schnitzel

4 Portionen

500 g Hühnchen- oder Putenbrustfilet

MARINADE

1 Knoblauchzehe

Saft von 1 Zitrone

1 TL Paprikapulver

1 TL frisch gemahlener schwarzer Pfeffer

1 TL Salz

1 EL Olivenöl

PANADE

2 Eier

15 g Cornflakes

120 g Mehl

50 g Paniermehl

1 TL Salz

1 TL frisch gemahlener schwarzer Pfeffer

Öl zum Braten

ZUM SERVIEREN

Jerusalem-Salat, siehe Rezept S. 124

frittierte Kartoffeln, siehe Rezept S. 130

Taratour, siehe Rezept S. 74

Zitronenspalten

Schnitzel kam mit den deutschen Juden nach Israel. Traditionell wird es aus Kalb gemacht, aber da es schwierig war, im Heiligen Land Rindfleisch zu bekommen, musste stattdessen Hühnchen- oder Putenfleisch verwendet werden. Die Butter wurde außerdem durch Öl ersetzt, sodass das Ganze koscher war. Schnitzel ist sowohl bei den Arabern als auch bei den Israelis ein sehr beliebtes Gericht. Mein Onkel Khader liebt Schnitzel und isst es einmal in der Woche. Dies ist sein Rezept.

SO WIRD'S GEMACHT:

Die Filets waschen und längs in dünne Scheiben schneiden.

Den Knoblauch schälen und in eine Schüssel reiben. Alle übrigen Zutaten für die Marinade dazugeben und vermischen.

Das Fleisch gut mit der Marinade bestreichen und bei Zimmertemperatur mindestens 1 Stunde oder im Kühlschrank über Nacht ziehen lassen.

Die Eier in einer Schüssel verquirlen und die Cornflakes in einer zweiten Schüssel zerstoßen. Mehl, Paniermehl, Salz und Pfeffer mit den Cornflakes vermischen. Die Fleischstücke zuerst im Ei wenden und dann in der Mehlmischung wälzen. Vorgang zweimal wiederholen.

Öl in einer Pfanne mit hohem Rand auf 180 °C erhitzen und Fleisch darin braten. Die Schnitzel nach ca. 1 Minute wenden. Insgesamt auf jeder Seite 3 Minuten braten. Auf Küchenpapier abtropfen lassen.

Mit Jerusalem-Salat, frittierten Kartoffeln, Taratour und Zitronenspalten servieren.

Kebab

Kebab ist ein Sammelbegriff für eine Reihe verschiedener Fleischgerichte aus vielen unterschiedlichen Ländern. Dabei wird durch einen Fleischwolf gedrehtes oder gehacktes Fleisch auf irgendeine Art von Spieß gesteckt und gegrillt. Die Würzung und die Art des Fleisches variiert, je nachdem, in welchem Land es gegessen wird. Das Wort Kebab selbst kommt aus dem Persischen und bedeutet braten oder brennen.

4 Portionen

KEBAB

1 Zwiebel

1 Bund Petersilie

500 g Lamm- oder Rinderhackfleisch

1 EL Baharat, siehe Rezept S. 47

Zitrone + etwas Zitronensaft

Frühlingszwiebel

Salz

ZUM SERVIEREN

Pitabrot, libanesisches oder auf Ikmaj-Art, siehe Rezept S. 52

Zitrone

Frühlingszwiebel

gebratene Aubergine, siehe Rezept für Sabich S. 123

gebratener Blumenkohl, siehe Rezept für Sabich S. 123

in Essig eingelegter Rotkohl, siehe Rezept S. 133

Amba, siehe Rezept S. 76

Skhug, siehe Rezept S. 76

geröstete Pinienkerne

Taratour, siehe Rezept S. 74

SO WIRD'S GEMACHT:

Zwiebel schälen und wie die Petersilie fein hacken, gerne mit einer Küchenmaschine, sodass das Resultat richtig gleichmäßig und fein wird.

Beides in einer Schüssel mit dem Hackfleisch und dem Baharat-Gewürz vermengen. Kleine längliche Frikadellen aus der Masse formen, in den Kühlschrank stellen und 30 Minuten ruhen lassen.

Zitrone und Frühlingszwiebeln in einer Pfanne braten. Dann auf eine Platte legen.

Das Fleisch ebenfalls in der Pfanne braten. Meist braucht man dafür kein Fett, weil das Hackfleisch genügend abgibt.

Kebab während des Bratens oder beim Servieren salzen. Zitronensaft darüber pressen. Mit allen Beilagen servieren.

Gefüllte Weinblätter mit Lamm

Warak Ib Enab, Warak Dawaleh oder Dolma – das sind gefüllte Weinblätter. Weinblätter mit Reis und Fleisch zu füllen, ist richtig lecker. Wenn man keine Weinblätter bekommt, kann man die Füllung auch in etwas größere Mangoldblätter rollen. Dieses Rezept ist mit Fleisch, das man jedoch ebenso gut weglassen kann. Die Weinblätter können warm oder kalt gegessen werden.

4 Portionen

FÜR DEN EINTOPF

4 kleine Kartoffeln

2 Lammkoteletts à 100 g

1 EL Olivenöl zum Braten

1 Chilischote

1 Dose geschälte ganze Tomaten, 400 g

200 ml Wasser

Salz und frisch gemahlener schwarzer Pfeffer

1 Knoblauchzehe

FÜLLUNG

1 Zwiebel

1 Frühlingszwiebel

280 g Rundkornreis

200 g Lamm- oder Rinderhackfleisch

3 Knoblauchzehen

1 EL gehackte frische Minze

1 TL gemahlener Kreuzkümmel

1 TL getrockneter Koriander

¼ TL gemahlener Zimt

1 TL Salz

¼ TL frisch gemahlener schwarzer Pfeffer

1 Glas eingelegte Weinblätter, ca. 450 g

SO WIRD'S GEMACHT:

Die Zwiebel und die Frühlingszwiebel schälen und fein hacken. Den Reis sorgfältig in einem Sieb abspülen und in eine Schüssel geben. Das Hackfleisch und die Zwiebeln untermischen. Die Knoblauchzehen schälen und hineinpressen. Minze, Kreuzkümmel, Koriander, Zimt, Salz und Pfeffer dazugeben und gut vermischen.

Die Weinblätter aus dem Glas nehmen und nacheinander auf einem Schneidebrett ausbreiten. Ca. 1 TL Füllung auf jedes Blatt setzen. Beide Seiten nach innen falten und dann das Blatt aufrollen. Wenn das Weinblatt zu klein oder angerissen ist, kann man mehrere zusammensetzen.

Die Kartoffeln schälen und in Scheiben schneiden. Die Lammkoteletts in einem Topf mit Öl von beiden Seiten braun braten, dann die Kartoffeln mit der Chilischote darauflegen. Den Topf vom Herd nehmen und die Weinblätter auf den Kartoffeln verteilen. Möglichst dicht schichten. Die Tomaten, Wasser, Salz und Pfeffer darübergeben. Einen Teller als Gewicht auf die gefüllten Weinblätter legen, sodass sie beim Kochen in der Flüssigkeit liegen bleiben. Bei niedriger Hitze mit geschlossenem Deckel ca. 1 Stunde köcheln lassen.

Ein Weinblatt probieren und testen, ob der Reis gar ist (die Zeit variiert, je nachdem, welchen Reis Sie verwenden). Den Topf vom Herd nehmen und das Ganze ca. 20 Minuten ruhen lassen. Zum Servieren den Topf stürzen: einfach eine Servierplatte darauflegen und Topf schnell wenden. Da relativ viel Flüssigkeit enthalten ist, eine Platte mit etwas höherem Rand wählen.

Marokkanisches Hühnchen mit Couscous

Marokkanisches Hühnchen mit Couscous

Eine Ehe außerhalb der Religionsgemeinschaft ist zwar ungewöhnlich, kommt aber vor. In meiner Familie heiratete der Onkel meines Vaters in den 1960er-Jahren eine Jüdin. Ihre Kinder bekamen sowohl arabische als auch hebräische Namen. Der älteste Sohn hieß auf Arabisch Saleh und auf Hebräisch Schmuel. Er heiratete Shoshana – oder Shosh, wie sie in der Familie genannt wird. Sie kommt ursprünglich aus Marokko. In den 1950er-Jahren immigrierten von dort ca. 300 000 Juden nach Israel. Ihre marokkanische Essenstradition ist nach wie vor sehr lebendig geblieben. Bei der Arbeit für dieses Kochbuch habe ich Shosh gebeten, etwas typisch Marokkanisches zu machen, und sie hat ein fantastisches Gericht mit Hühnchen und Couscous zubereitet. Dazu braucht man zwei Töpfe und einen Dampfeinsatz. Wenn Sie keinen Dampfeinsatz haben, müssen Sie das Couscous separat zubereiten.

SO WIRD'S GEMACHT:

Das Hühnchen mit kaltem Wasser abspülen. In einen Topf geben und mit Wasser bedecken. Das Wasser aufkochen lassen und dann die Temperatur senken. Den Schaum, der sich an der Oberfläche bildet, mit einem Schaumlöffel abschöpfen.

Die Zwiebel schälen und hacken. Wenn das Hühnchen keinen Schaum mehr bildet, Zwiebel, Kichererbsen und Gewürze zufügen. Bei niedriger Hitze ca. 1 Stunde köcheln lassen.

Das Gemüse putzen, schälen, in grobe Stücke hacken und in einen zweiten Topf geben. Mit Wasser bedecken und salzen. Aufkochen lassen, die Hitze reduzieren und alles bei niedriger Hitze köcheln lassen. Sie können das Gemüse variieren und nach eigenem Belieben auswählen. Den Dampfeinsatz in den Topf setzen und mit Couscous füllen; der wird dann mitgedämpft. Wenn Sie keinen Dampfeinsatz haben, Couscous in eine Schüssel füllen, 400 ml heißes Wasser darübergießen, einen Deckel auflegen und Couscous ziehen lassen.

Wenn das Huhn ca. 1 Stunde gekocht hat, in Stücke zerteilen. Den Couscous auf eine Platte schütten und das Hühnchen darauf verteilen. Etwas von der Brühe und den Kichererbsen über das Fleisch geben.

Den Rest in eine Schüssel füllen, sodass die Gäste sich selbst nehmen können. Etwas Gemüse aus dem anderen Topf ebenfalls mit auf die Platte legen. Das restliche Gemüse in einer Schüssel auf den Tisch stellen, sodass sich die Gäste selbst bedienen können. Mit Hummus und Oliven servieren.

4 Portionen

HÜHNCHEN

1 ganzes Hühnchen (am besten eines, das vor dem Schlachten etwas mehr als 30 Tage gelebt hat, das Fleisch ist besser und fester)

1 Zwiebel

800 g Kichererbsen, über Nacht oder 8–9 Stunden eingeweicht (nicht aus der Dose)

1 EL Kurkuma

1 Lorbeerblatt

1 TL frisch gemahlener schwarzer Pfeffer

¼ TL gemahlener Zimt

GEMÜSE

2 Karotten

4 Kartoffeln

1 Butternut-Kürbis

¼ Weißkohlkopf

1 Paprikaschote von beliebiger Farbe

1 Zucchini

Salz

ZUM SERVIEREN

320 g Couscous

Hummus, siehe Rezept S. 108

Oliven

Fisch war in den Küstengebieten schon immer wichtig. Die Fischer machen sich nachts auf den Weg und kommen am frühen Morgen zurück, um den Fisch für die lokalen Märkte zu verkaufen. Es gibt sogar ein eigenes Wort für den Geruch von frischem Fisch: Zafar.

Von der Terrasse meines Onkels Samir im Fischerhafen von Akko aus sieht man morgens die Fischer mit ihrem Fang heimkehren. Hier hat Samir Zara frittiert, einen speziellen Fisch, den man nur im Frühling fangen kann, wenn er aus tieferen Meeresgebieten an die Küste kommt.

Frittierter Fisch

Frischer Fisch wird zum Essen am liebsten frittiert. Aus den Resten kann man am nächsten Tag Sayadieh (siehe Rezept Seite 168) zubereiten.

4 Portionen

FISCH

7 Knoblauchzehen

2 Chilischoten

Olivenöl zum Braten

4 ganze Mittelmeerfische, z. B. Goldbrasse oder Rote Fleckbrasse

etwas Weizenmehl

Öl zum Frittieren

ZUM SERVIEREN

Fattoush, siehe Rezept S. 104

Taboulé, siehe Rezept S. 115

Taratour, siehe Rezept S. 74

Zitronenspalten

SO WIRD'S GEMACHT:

Knoblauch schälen und wie die Chilischoten hacken. Bei ziemlich starker Hitze in einer Pfanne mit reichlich Öl rasch anbraten.

Den Fisch in kleinere Stücke zerteilen, falls Sie keinen ausreichend großen Topf haben. Einen tiefen Topf mit ausreichend Öl bereitstellen oder die Fritteuse auf 180 °C einstellen. Den Fisch in Mehl wenden, das überschüssige Mehl abklopfen und den Fisch anschließend im Öl frittieren, bis er Farbe annimmt. Mit einem Schaumlöffel herausheben und auf Küchenpapier abtropfen lassen.

Die Chilimischung über den Fisch löffeln. Fattoush, Taboulé, Taratour und Zitronenspalten zum Auspressen dazu servieren.

Sayadieh

4 Portionen

SAYADIEH

170 g Reis (Basmati o. Ä.)

3 Zwiebeln

Olivenöl zum Braten

500 g weißer Fisch

300 ml Wasser

½ g Safran (5 Döschen à 0,10 g)

1 TL Kurkuma

1 TL Salz

ZUM SERVIEREN

Taboulé, siehe Rezept S. 115

Taratour, siehe Rezept S. 74

Dieses Gericht ist typisch für Akko. Sayadieh bedeutet »des Fischers«. Dieses Rezept stammt von Wafá, der Frau meines Onkels Samir. Normalerweise wird es aus Fischresten vom Vortag zubereitet.

SO WIRD'S GEMACHT:

Den Reis in einem Sieb abspülen und gut abtropfen lassen.

Die Zwiebeln schälen, hacken und in einem Topf mit Öl braten.

Den Fisch in Würfel schneiden und 5 Minuten mit den Zwiebeln braten.

Den Reis dazugeben, Wasser, Gewürze und Salz zufügen. Aufkochen und dann mit Deckel bei schwacher Hitze ca. 10 Minuten köcheln lassen. Mit Taboulé und Taratour servieren.

REAL MADRID

Süßes & Getränke

Baklava

10–12 Portionen

BAKLAVA

65 g süße Mandeln

60 g Cashewnüsse

60 g Pistazien

200 g Ghee (oder Butter)

1 Päckchen Filoteig

ZUCKERSUD

170 g Zucker

100 ml Wasser

100 ml flüssiger Honig

1 TL frisch gepresster Zitronensaft

1 TL gemahlener Kardamom

Baklava wird im ganzen Nahen Osten gegessen, aber auch in all den Ländern, die das Osmanische Reich umfasst hat. Es gibt viele verschiedene Varianten, aber meistens ist es sehr süß. Mein Baklava ist allerdings weniger süß, so schmeckt es mir besser.

SO WIRD'S GEMACHT:

Den Ofen auf 180 °C vorheizen.

Die Mandeln mit heißem Wasser überbrühen und schälen, falls gewünscht, es ist aber nicht unbedingt nötig. Die Mandeln und Nüsse fein hacken, in eine Schüssel geben und beiseitestellen. Die Hälfte der gehackten Pistazien zum Garnieren aufbewahren.

Ghee in einem Topf im Wasserbad schmelzen.

Eine Backform für den Filoteig bereitstellen – lieber eine Form nehmen, die zu klein für das Teigblatt ist, und dann etwas davon abschneiden, als eine, die zu groß ist.

Die Form mit Ghee einfetten. Eine Schicht Filoteig in die Form legen und mit Ghee bestreichen. Vorgang mit knapp der Hälfte der Teigblätter wiederholen. Die Hälfte der Nussmischung darüber streuen. Weiter Filoteig aufschichten und mit Ghee bestreichen, bis der Teig aufgebraucht ist. Die letzte Schicht mit Ghee bestreichen und mit den restlichen Nüssen bestreuen.

Baklava mit einem scharfen Messer oder einem Pizzaschneider in Stücke schneiden. Dabei darauf achten, dass man durch alle Schichten schneidet.

In den Ofen stellen und ca. 30 Minuten backen. Keine Heißluftfunktion, sonst heben die Teigblätter ab.

Währenddessen den Zuckersud zubereiten. Zucker und Wasser in einer Pfanne erhitzen und rühren, bis der Zucker sich aufgelöst hat. Den Honig einrühren. Mischung vom Herd nehmen und Zitronensaft und Kardamom zufügen.

Die Form aus dem Ofen holen und den Zuckersud über das Baklava gießen. Jedes Stück mit den restlichen fein gehackten Pistazien bestreuen.

Wassermelone mit Labneh und Zatar

4 Portionen

1 Wassermelone (200 g/Person)

400 g Labneh, siehe Rezept für Mana'ish Ib Labneh S. 63

1 EL Zatar, siehe Rezept S. 49

1 EL Olivenöl

Meine beste Erinnerung an Labneh stammt aus Sasa, einem Gebiet in Galiläa. Es liegt nur einen Steinwurf von der libanesischen Grenze entfernt. Die Landschaft ähnelt mit ihren grünen Hügeln der Toskana. Die Temperatur dort ist angenehm, sogar mitten im Sommer. Abends muss man einen dicken Pullover anziehen, um nicht zu frieren. In Sasa wohnt Kobi, der dem hektischen Leben von Tel Aviv entflohen ist und sich auf einem Hügel angesiedelt hat. Er hat sich um die 100 Ziegen angeschafft und macht das beste Labneh, das man sich vorstellen kann, mit Zatar und reichlich Olivenöl obendrauf.

Labneh heißt in den meisten arabischen Dialekten Joghurt, außer in Ägypten, wo es Milch bedeutet. Ich verwende immer Joghurt, am liebsten frischen Ziegenjoghurt, wenn er zu bekommen ist, ansonsten geht auch normaler Naturjoghurt.

SO WIRD'S GEMACHT:

Die Melone in Scheiben schneiden, schälen und das Fruchtfleisch in Stücke würfeln.

Eine Schüssel mit Labneh vorbereiten. Mit Zatar bestreuen und Olivenöl darüber träufeln. Ein Stück Melone auf eine Gabel spießen und in Labneh tunken.

Knafeh

8 Portionen

KNAFEH

100 g Nabulsi-Käse (oder Fior di Latte oder Mozzarella)

100 g Filoteig für Knafeh (der Teig ist in dünne Fäden geformt)

50 g zimmerwarme Butter + mehr zum Braten

ZUCKERSUD

200 ml Wasser

170 g Zucker

50 ml frisch gepresster Zitronensaft

Knafeh stammt ursprünglich aus der Stadt Nablus. Es ist ein sättigendes Dessert, das traditionell aus einem Salzlakenkäse aus Ziegen- oder Schafsmilch gemacht wird, der Nabulsi heißt.

SO WIRD'S GEMACHT:

Den Ofen auf 200 °C Oberhitze/Grill stellen.

Für den Zuckersud Wasser und Zucker in einem Topf aufkochen und rühren, bis der Zucker sich aufgelöst hat. Vom Herd nehmen und Zitronensaft zufügen. Beiseitestellen und abkühlen lassen.

Den Käse in kleine Stücke schneiden. Wenn Sie normalen Mozzarella verwenden, ca. 1 Stunde abtropfen lassen.

Den Filoteig in 5 mm große Stücke schneiden und in eine Schüssel geben. Die Butter zufügen und alles zu einem gleichmäßigen Teig verkneten.

Etwas Butter in einer gusseisernen Pfanne schmelzen und die Hälfte des Filoteigs gleichmäßig darin verteilen. Den Käse darauf streuen und anschließend den restlichen Filoteig darübergeben. Gut andrücken und bei niedriger Hitze braten, bis der Boden goldbraun ist. Am besten den Boden mit einem Pfannenwender anheben und den Bräunungsgrad kontrollieren.

Wenn der Boden Farbe bekommen hat, die Pfanne in den Ofen schieben, und den Käse ca. 20 Minuten backen. Aus dem Ofen nehmen und abkühlen lassen.

Auf eine Platte stürzen, sodass die gebratene Unterseite oben ist. Den Zuckersud darübergießen und lauwarm servieren.

Dattelbällchen mit Lakritz

Es gibt viele Sorten von Datteln und sie spielen in der Kulturgeschichte des Nahen Ostens eine wichtige Rolle. Der Prophet Muhammed brach das Fasten immer mit Datteln und Joghurt. Mit den Palmblättern wurde am Palmsonntag Jesus begrüßt, als er in Jerusalem einritt, und auch beim jüdischen Fest Sukkot (Laubhüttenfest) verwendet man sie, um den Auszug aus Ägypten zu feiern.

Datteln enthalten eine Menge Zucker, aber auch viele gesunde Stoffe. Sie werden auf verschiedene Arten serviert. Man kann den Kern herausnehmen und durch eine kandierte Mandel ersetzen. Sie in Schokolade tauchen oder, wie in diesem Fall, Dattelbällchen daraus machen. In diesem Rezept werden Medjool-Datteln verwendet. Das ist in Palästina eine übliche Sorte, die aus Jericho stammt. Natürlich können Sie auch andere Sorten wählen, dann kann sich aber die Konsistenz der Bällchen verändern. Mazafati-Datteln zum Beispiel stammen aus dem Iran, haben einen höheren Wassergehalt als die Medjool-Datteln und keine so feste Konsistenz.

20 Bällchen

70 g Kürbiskerne

25 frische Datteln, am besten Medjool

1 EL kaltgepresstes Kokosöl

3 TL Lakritzpulver

2 EL Kakao

1 Prise Salz

35 g Kokosflocken oder 65 g gehackte Pistazien

SO WIRD'S GEMACHT:

Die Kürbiskerne rösten und abkühlen lassen. Dann grob hacken.

Die Datteln entkernen und in eine Schüssel geben. Öl, Lakritzpulver, Kakao, Salz und Kürbiskerne zufügen und alles zu einem Teig verkneten. Eine Weile in den Kühlschrank stellen, dann kann man den Teig besser formen.

Aus dem Teig Bällchen formen und diese in Kokosflocken oder gehackten Pistazien wälzen.

Granatapfelsalat

4 Portionen

40 g Walnüsse

2 Granatäpfel

2 Orangen

¼ TL gemahlener Zimt, am besten Ceylon-Zimt

Granatäpfel zu entkernen ist einfach – und es gibt mehrere Methoden. Ich halbiere den Granatapfel, halte eine Hälfte mit der Schnittfläche nach unten über einen Teller und klopfe oder schlage mit der Rückseite eines Kochlöffels fest darauf. Dann fallen die Kerne einfach herunter, das geht ganz schnell. Man muss hinterher allerdings meistens die Küchenwände putzen. Man kann die Hälften auch vorsichtig in einer Schüssel mit kaltem Wasser zerbrechen und dann in ein Sieb abgießen.

SO WIRD'S GEMACHT:

Die Walnüsse in einer trockenen Pfanne rösten.

Die Granatäpfel entkernen, mit der Methode, die Ihnen am besten erscheint. Die Kerne in eine Schüssel geben.

Die Orange schälen, filetieren, mit in die Schüssel geben und vorsichtig untermischen.

Zimt zufügen, Salat mit Nüssen bestreuen und servieren.

Harisi

12 Stück

- 100 g zimmerwarme Butter + mehr für die Form
- 375 g Grieß
- 100 g Zucker
- 1 Messerspitze Salz
- ¼ TL Natron
- 1 TL Backpulver
- 150 g Joghurt, 10 % Fettgehalt + 2 EL
- 1 Handvoll geschälte Mandelhälften
- 1 Dose gesüßte Kondensmilch, ca. 400 ml

Semolina oder Grieß wird im Nahen Osten für vieles verwendet. Harisi ähnelt einem Butterkuchen, aber durch den Grieß bekommt er eine andere Konsistenz. Saftig, aber etwas körnig. Perfekt zu einer Tasse Kaffee!

SO WIRD'S GEMACHT:

Den Ofen auf 190 °C vorheizen.

Butter, Grieß, Zucker und Salz in einer Schüssel vermischen.

Natron und Backpulver in einer zweiten Schüssel mit 150 g Joghurt verrühren. Dann zur Grießmischung geben und einrühren.

Eine viereckige Form, ca. 17 x 22 cm, mit Butter einfetten. Den Teig hineingießen und die Oberfläche mit der Hand glatt streichen. 2 EL Joghurt darauf verstreichen und Kuchen 30 Minuten im Ofen backen. Dann die Grillfunktion anstellen und weitere 2–3 Minuten backen.

Herausnehmen und in Vierecke schneiden. Mit Mandeln bestreuen und die Kondensmilch darübergießen. Abkühlen lassen.

Marokkanische Donuts

Wenn der Weg zum Glück durch den Magen führt, dann sind Marokkanische Donuts, oder *svinj*, wie sie in Marokko heißen, eines der Gerichte, die viel dazu beitragen. Sie sind ein Mittelding zwischen einem Donut und einer knusprigen Waffel.

Ca. 40 Donuts

25 g Hefe

1 EL Salz

1 l lauwarmes Wasser

1 kg Weizenmehl

1–2 l Öl zum Frittieren

Puderzucker oder normaler Zucker

SO WIRD'S GEMACHT:

Die Hefe in einer Schüssel mit Salz und 500 ml Wasser auflösen, dann 30 Minuten gehen lassen. Weitere 500 ml Wasser und nach und nach das Mehl zufügen. Erneut 30 Minuten gehen lassen.

In einem Topf oder einer Pfanne mit hohem Rand das Öl auf 180 °C erhitzen. Die Donuts nacheinander formen und immer ein paar gleichzeitig frittieren.

Herausheben und auf Küchenpapier abtropfen lassen. Mit Puderzucker oder normalem Zucker bestreuen.

Mutabaq

10–12 Portionen

MUTABAQ

2 Päckchen Mozzarella à 125 g

200 g zerlassene Butter

1 Päckchen Filoteig

ZUCKERSUD

170 g Zucker

100 ml Wasser

100 ml flüssiger Honig

1 TL frisch gepresster Zitronensaft

Mutabaq heißt so viel wie zusammengefaltet und Variationen dieses Gerichtes gibt es überall auf der Welt. Ursprünglich kommt es aus dem Jemen, dort heißt es Malaweh. Dies ist eine vereinfachte Variante, da man eigentlich noch einen frischen Teig zubereitet, den man so dünn ausrollt, dass er im Grunde durchsichtig ist, und dann in Butter brät.

SO WIRD'S GEMACHT:

Den Ofen auf 180 °C vorheizen.

Den Mozzarella reiben und in einem Sieb abtropfen lassen.

Ein kleines Blech mit Butter einfetten. Ein Blatt Filoteig darauflegen und mit Butter bestreichen. Vorgang wiederholen, bis die Hälfte der Teigblätter auf dem Blech liegen. Den Mozzarella darauf verteilen. Erneut Teigblätter darauflegen und mit Butter bestreichen.

Teig in Vierecke schneiden und im Ofen 30 Minuten backen (nicht mit Heißluftfunktion).

Zucker und Wasser in einer Pfanne erhitzen und rühren, bis sich der Zucker aufgelöst hat. Den Honig einrühren. Mischung vom Herd nehmen und Zitronensaft zufügen.

Das Blech aus dem Ofen holen und den Zuckersud über den Teig gießen.

Auf unserer Suche nach alten Olivenbäumen haben wir eine Familie in I'billin besucht, von der wir gehört hatten, dass sie richtig alte Olivenbäume besitzt. Sie empfing uns, als würden wir uns schon seit Jahren kennen, und zeigte uns ihre Ländereien und ihren schönen Olivenhain. Als wir wieder fahren wollten, entdeckten wir einen Zitronenbaum voller reifer Zitronen. Noch bevor die Familie eine Leiter holen konnte, um ein paar Zitronen zu pflücken, hatte Samir die Sache schon in die Hand genommen und sich an der Hausfassade hochgezogen.

Lemonana

1,2 Liter

170 g Zucker

1 l Wasser

200 ml frisch gepresster Zitronensaft (ca. 4 Zitronen)

1 Handvoll Minzeblätter

Zitronenspalten

Lemonana ist eine Zusammensetzung zweier Wörter aus dem Arabischen und dem Hebräischen. *Lemon*, was Zitrone heißt, und *nana*, was Minze bedeutet. Zusammen wird daraus Lemonana und es ist eine perfekte Verbindung von Aromen: Zitrone, etwas Zucker und frische Minze. Das Ganze kann mit Eis gemischt und sogar zu einem Slush verarbeitet werden. Was auch immer Sie tun – trinken Sie es eiskalt.

SO WIRD'S GEMACHT:

Zucker mit 200 ml Wasser vermischen. Rühren, bis der Zucker sich aufgelöst hat. Den Zitronensaft und das restliche Wasser zufügen.

Minze und Zitronenspalten einrühren.

Minztee

1 Liter

1 l Wasser

2 TL grüner Tee, Gunpowder

1 Bund Minze

evtl. Zucker

Tee stammt ursprünglich aus China, verbreitete sich von dort aus und wird heute in der ganzen Welt getrunken. In vielen Ländern des Nahen Ostens ist Tee ein Willkommensgetränk für erwartete wie unerwartete Gäste. Traditionell ist er sehr süß und wird beispielsweise mit frischer Minze, aber auch mit anderen Kräutern wie Verbene, wildem Oregano oder Salbei aromatisiert. Der Tee wird in kleinen, hohen Gläsern serviert und das Eingießen ist eine Kunst für sich, bei der man nahe am Glas zu gießen beginnt und dann die Kanne so weit wie möglich nach oben zieht. Für diesen Tee wird chinesischer Gunpowder-Tee verwendet. Er wird dann mit reichlich frischer Minze oder anderen Kräutern gewürzt. Die Zubereitung ist eine richtige Zeremonie und man braucht dafür eine Teekanne aus Metall oder Eisen.

SO WIRD'S GEMACHT:

1 Liter Wasser aufkochen. Etwas Wasser in die Kanne geben und schwenken, dann wieder ausgießen. Das säubert und wärmt die Kanne. Anschließend grünen Gunpowder-Tee hineingeben und ein Glas heißes Wasser daraufgießen. Den Tee ca. 1 Minute ziehen lassen und dann durch ein Sieb abgießen in ein Glas füllen. Das wird die Seele des Tees genannt, und darin sind die feinsten Aromen der Teeblätter enthalten. Das Glas für später aufheben. Ein weiteres Glas Wasser in die Kanne schütten. 1 Minute warten und Tee wieder abgießen. Die Farbe ist jetzt ganz anders als beim ersten Aufguss. Diesen Aufguss wegschütten. Den Tee des ersten Aufgusses und dann neues heißes Wasser in die Kanne geben, bis sie zu drei Vierteln voll ist.

Die Kanne auf die Herdplatte stellen und Tee bei mittlerer Hitze vorsichtig aufkochen lassen. Anschließend die Kanne vom Herd nehmen und Minze und Zucker zufügen. Tee ins Glas und dann wieder zurück in die Kanne gießen. Vorgang zwei bis dreimal wiederholen, sodass sich alles gut vermischt.

רח׳ צלאח א-דין
SALAH EDDINE STR
رأس الحكمة
مخافة الله
الحركه الاسلاميه - مسجد الرمل
013
38

Arabischer Kaffee

Kaffee ist eine der meistverkauften Handelswaren der Welt. Schweden und Finnen trinken pro Kopf am meisten davon, aber der Ursprung liegt auf der Arabischen Halbinsel, genauer gesagt dem Jemen. Arabischer Kaffee wird auch Türkischer Kaffee genannt, weil der Kaffee sich ausgehend vom Osmanischen Reich über die ganze Welt verbreitet hat und als Stimulanz für revolutionäres Gedankengut und Leistung fungiert hat.

Das Wichtigste beim arabischen Kaffee ist der Mahlgrad: Der Kaffee muss so fein gemahlen werden, wie es nur geht. Noch feiner als bei Espresso. Kaufen Sie am besten Bohnen, die Sie selbst mahlen, oder lassen Sie ihn sich bei Ihrem lokalen Kaffeehändler mahlen.

4 Tassen

4 Kaffeelöffel fein gemahlener Kaffee (28 g)

300 ml kaltes Wasser

Zucker nach Belieben

gemahlener Kardamom oder Zimt nach Belieben

SO WIRD'S GEMACHT:

Kaffee und Wasser in einen kleinen Topf oder einen speziell dafür vorgesehenen Kaffeekocher füllen. Unter ständigem Rühren erhitzen.

Wenn der Kaffee zu kochen beginnt, vom Herd nehmen. Ein paar Minuten ruhen lassen, sodass das Pulver zu Boden sinken kann.

Kaffee in kleine Tassen füllen. Evtl. mit Zucker, Kardamom oder Zimt servieren.

REGISTER

NO

P

QR

S

T

UVW

XYZ

ربنا آتنا في الدنيا حسنة
وفي الآخرة حسنة
وَقِنا عذاب النار

Danksagung

Ich hatte eigentlich mein ganzes Leben lang nur einen Traum: ein Buch zu schreiben. Deshalb will ich mit großer Demut all denen danken, die mir geholfen haben, dieses Buch zu verwirklichen.

Vielen Dank, Eva Kruk, dass du und Bonnier Fakta mir die Chance gegeben habt. Linnéa von Zweigbergk für all die Hilfe mit den Texten. Lennart Weibull für die schönen Bilder. Sara R. Acedo für das Layout des Buches. Meinem Bruder Aadel, der mich auf der Reise begleitet hat. Meinem jüngsten Bruder Samir, der mir in der Küche geholfen hat. Meinem Onkel Samir in Akko, der uns in der ganzen Stadt herumgeführt hat. Danke an meinen Onkel Saleh und seine Frau Shosh, die uns die marokkanischen Essenstraditionen gezeigt hat. Meine Tante Husnye, die Mana'ish gebacken und draußen mit uns wilde Kräuter gepflückt hat. Meine Eltern, die mich daran gewöhnt haben, in der Küche zu sein. Danke an meine ganze Verwandtschaft in Palästina, die alle dazu beigetragen haben, dass dieses Buch Wirklichkeit geworden ist.

Und danke an Jenny. Es ist ein großes Glück, dich meine Frau nennen zu dürfen. Danke, dass du bei meinen verrückten Ideen immer mitmachst und sie nur stoppst, wenn sie komplett aus dem Ruder laufen. Ich hoffe, du weißt, wie dankbar ich bin, dich an meiner Seite zu haben.